本书系内蒙古自治区高等学校青年科技英才支持计划
NJYT-20-B21）、国家自然科学基金青年项目"研
实证研究解析创新价值的实现机制"（项目编号：71

经济管理学术文库·经济类

科技金融与创新驱动：
企业和城市的实证研究

Technology Finance and Innovation-driven:
Empirical Research on Enterprises and Cities

崔静静　张　奇　王乾宇／著

经济管理出版社
ECONOMY & MANAGEMENT PUBLISHING HOUSE

图书在版编目（CIP）数据

科技金融与创新驱动：企业和城市的实证研究 / 崔
静静，张奇，王乾宇著. -- 北京 ：经济管理出版社，
2024. -- ISBN 978-7-5243-0053-3

Ⅰ . F832

中国国家版本馆 CIP 数据核字第 2024E22S84 号

组稿编辑：杨　雪
责任编辑：杨　雪
助理编辑：王　慧
责任印制：许　艳

出版发行：经济管理出版社
　　　　　（北京市海淀区北蜂窝 8 号中雅大厦 A 座 11 层　100038）
网　　址：www. E-mp. com. cn
电　　话：(010) 51915602
印　　刷：唐山昊达印刷有限公司
经　　销：新华书店
开　　本：720mm×1000mm/16
印　　张：13. 25
字　　数：217 千字
版　　次：2024 年 12 月第 1 版　　2024 年 12 月第 1 次印刷
书　　号：ISBN 978-7-5243-0053-3
定　　价：88. 00 元

前　言

　　党的十八大以来，习近平总书记高度重视创新驱动发展，在不同场合发表重要讲话，强调创新始终是推动一个国家、一个民族向前发展的重要力量。近年来，通过不断努力，我国国家创新能力取得了显著进步，世界知识产权组织发布的《2024 年全球创新指数报告》显示，中国在全球的创新力排名较 2023 年上升一位至第 11 位，是 10 年来创新力上升最快的经济体之一。在我国创新驱动发展战略实施过程中，企业发挥着创新主体作用，而资金作为企业发展的命脉，是企业创新中的掣肘和痛点。企业开展创新活动不仅需要支付研发人员工资，还需要购买创新活动所需设备。而科技创新活动周期一般较长，产出具有不确定性，导致创新投资难以在短期内获得回报。因此，企业开展创新活动需要大量的长期资金支持。但是，开展创新活动的企业拥有更多的无形资产，可抵押性较低，导致外部融资困难。因此，创新活动往往伴随融资约束。在此背景下，以支持创新活动为主的科技金融应运而生。本书从科技金融的角度反观中国的创新驱动发展战略，财政力量如何影响科技创新？银行贷款如何支持科技创新？随着北京证券交易所的成立，我国股权市场为科技创新贡献了多少力量？科技金融在驱动区域经济发展上起到了哪些作用？这些问题都值得我们从国家创新驱动发展战略角度进行评估。以上就是本书所要探讨的问题，即在企业和区域层面，金融市场和金融体系在多大程度上影响了科技创新。

　　本书基于中国特色的科技金融发展情况，从内生经济增长理论和创新经济学理论出发，探索科技金融支持创新驱动的理论渊源和实证检验。从两方面论证科技金融对创新和经济发展的驱动作用：一是科技金融不仅可以为企业的科技创新活动提供多方位的资金支持，还可以提供相应的监督等增值作用，以支持科技创新不同环节的顺利进行。因此，本书首先从企业层面探讨政策性科技金融和商业性科技金融对企业科技创新不同阶段的影响效应。已有科技金融对科技创新支持效果的相关研究，大多集中于技术研发阶段，对科技金融影响科技成果转化的研讨并不多见，本书在第三章、第四章探讨科技金融对创新成果转化的影响效应。二是本书在区域层面的研究显示，区域科技金融发展不仅有助于提高地区创新能力和经济发展水平，还会通过金融溢出以及知识溢出等方式影响周边地区科技创新。本书的意义在于通过检验科技金融理论体系在创新驱动中的作用，为科技金融和创新驱动的实施提供理论指导、政策建议和决策依据。

目　录

第一章　科技创新和科技
金融的理论概述

本章在创新驱动背景下梳理金融和科技创新的关系，给出科技金融的内涵，并将科技金融分为政策性科技金融和商业性科技金融进行说明。

第一节　科技创新的含义、特征及与金融的关系

一、科技创新的含义

作为推动一个国家长期经济增长和增强竞争优势的内部引擎，科技创新发生在企业生命周期的每个阶段并且本身也表现为分阶段的投入产出过程（Utterback，1971；Crepon et al.，1998）。本书所说的科技创新主要指技术创新，参考熊彼特创新思想，经济学家将技术创新定义为新工艺的首次商业应用或新产品的首次投产（Mansfield et al.，1981）。我国学者的理解基本与此一致，技术创新指企业家抓住市场的潜在盈利机会，以获取商业利益为目标，重新组织生产条件和要素，建立起效能更强、效率更高和费用更低的生产经营系统，从而推出新的产品、引入新的生产（工艺）方法、开辟新的市场、获得新的原材料或半成品供给来源或建立企业的新组织（傅家骥，1998）。因此，创新与创新活动是两个不同的概念，创新意味着已经实现经济效益，

是已成功实现的，而创新活动则可能成功、可能失败，也可能无法取得结果（李胤，2014）。

因此，本书中的科技创新指的就是创新活动，其最终目的是要通过创新活动实现经济价值。创新活动包括科技活动和研发①活动。研发是科技创新的第一步，没有研发，就无法产生新产品或新工艺，更不用说实现新产品产业化进而带动产业和宏观经济发展。不同创新活动的主体并不相同，基础研究以及一部分应用研究往往由政府支持大学及科研机构进行，企业主要进行试验发展以及研发成果应用和创新实现，作为科技创新的主体，既包括纳入各类产业政策支持目录的科技企业，也包括传统企业的科技创新与技术升级活动等（见图1-1）。

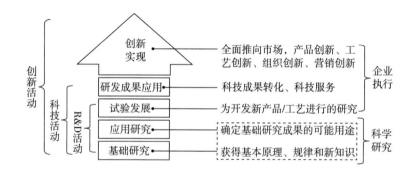

图1-1 研发活动、科技活动和创新活动之间的关系

资料来源：李胤. 关于研发、科技和创新的那些事儿——从统计角度浅议三者的关系 [J]. 中国统计，2014（8）：22-23；国家统计局印发的《研究与试验发展（R&D）投入统计规范（试行）》。

二、科技创新的特征

科技创新以最终实现经济产出和效益为目的，只有从创新行为中获得经济效益，企业才能通过持续的创新带来企业竞争力的持续提升（Duguet and Monjon，2002）。从科技创新的含义可以看出，科技创新是一个投入产出过

---

① 全称研究与试验发展，简称 R&D（Research and Development）。

程，它不单单指研发活动，也不仅表现为发明、专利等，而是一个把知识投入转化为新的商品/服务产出的过程，具有阶段性的特征（洪银兴，2017）。科技创新的第一个阶段是技术研发，第二个阶段是科技成果转化，第三个阶段是技术产业化（见图1-2）。

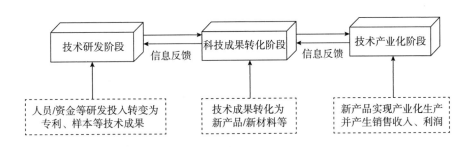

图1-2　科技创新的三个阶段

首先，技术研发阶段，包括关于新技术或新产品的创意的产生、针对创意的实验以及样本的试制，即通常所说的产品和技术的研究设计以及"中试阶段"，这一阶段的主体多为高等院校、科研院所、发明家、企业工程师或企业研发部门。

其次，科技成果转化阶段，主要是将技术研发的成果包括新技术、新工艺、新设计、新材料等应用于生产活动中。这一阶段产品或技术的原型测试完成，主要由企业将新技术成果转化成新产品，同时将新产品投放到市场，实现新产品的试制和试销。

最后，将新产品逐步发展为新产业，即技术产业化阶段。这一阶段的特征是新产品/新技术/新工艺等得到了市场的认可，开始进行大规模的生产应用，随着市场需求的挖掘，不断有企业进入市场，最终形成相关产业。

在科技创新的三个阶段中，需要解决两个问题：一是每一阶段的资金、人力资本以及其他资源投入；二是科技成果从产生到转化过程中的风险补偿，包括技术研发创新活动风险和新产品是否被市场接受的风险两方面。而金融体系最基本、最重要的功能是风险识别、风险定价与资金配置。科技创新所面临的资金需求、风险和不确定性需要金融制度安排来帮助化解。可以说，风险和不确定性使得金融与科技创新产生了天然的联系，也为金融支持科技创新提供了充足理由。

三、科技创新与金融的关系

麦金农提出的金融发展论将金融体系支持创新的方式总结为提供规避、防范和化解创新风险。King 和 Levine（1993）指出，金融发展能够通过降低交易成本的方式来促进科技创新。佩蕾丝（2007）在《技术革命与金融资本》一书中提到，在过去 200 年发生的五次技术革命导致经济社会重大演变中，金融资本扮演着关键角色。它催生了新的技术革命、支持了技术革命的发展，成为技术革命进入展开期的推动力。姚雪松与凌江怀（2017）指出，金融发展可以为企业、高校以及教育培训机构等多类群体提供资金支持，分担创新风险，通过培养创新型人才推动技术进步。

在科技创新全过程中，资金流转、风险分散和信息审核等问题均需通过合适的金融手段得到解决。金融激励科技创新发展主要体现在三个方面：第一是创造性破坏。创造性破坏是指某企业在另一家企业已有产品的基础之上研发出更好的、对原有产品具有完全替代效应的新产品，从而将原有产品挤出市场（Schumpeter，1934；Aghion and Howitt，1992；Aghion et al.，2014）。第二是自有产品质量的提高（Lucas and Moll，2014）。第三是新产品的开发（Broda and Weinstein，2006）。科技创新活动的重点是新产品（包括新材料、新市场、新生产方法、新组织形式）的产生，要实现这些创新产出，不仅需要通过自主研发或者外部合作（Chesbrough，2003）进行技术开发，还需要建立外部协作网络（Ahuja，2000）以补充互补性资产（Teece，1986），这些活动都离不开金融的支持。

（一）金融为科技创新提供资金保障

科技创新不仅包括通过技术研发以及成果应用引入新产品和新技术，还包括其他类型的促进知识转移和调整生产过程、实现产业化的活动，这些活动都需要资金的支持。而金融的特点在于可以使用政府和市场手段持续不断地将社会资金聚集起来，并通过股权、债权等直接或间接的途径满足科技创新不同阶段对于资金的需求，解决科技创新的资金瓶颈问题。

（二）金融为科技创新分散风险

政府通过财政科技投入、政府补贴、税收优惠等方式对科技创新企业提供融资支持，释放创新活动的早期风险，降低金融机构投资收益和风险不对称程度；商业性科技金融则通过金融体系的风险管理功能，分散、转移与管理科技创新活动的中后期发展风险（杨璠，2020）。一方面，金融将引导科创企业与资本市场相结合，推动符合条件的科技创新企业更多地在新三板、中小板、创业板等证券市场板块上市融资。股权融资具有天然的风险共担机制，可以承担高风险的技术创新型项目可能带来的技术风险、市场风险、产品风险等（Tian and Wang，2014）。尤其是创业风险投资，通过缓解融资约束、整合研发资源、提供行业经验、降低创新环境不确定性等方式为创新产出提供各类增值服务。另一方面，科技保险（刘妍等，2016）可以防范化解科技创新活动各阶段的风险。

（三）金融主体监督科技创新活动

在科技创新活动中，其相关参与方——政府、银行、风险投资机构扮演着重要的监管与管理角色。政府部门负责对创新项目的进展、品质以及资金使用状况进行全方位的监督。银行通过分析高新技术企业的财务状况和盈利潜力等指标，对其潜在的多重风险进行监控。同时，风险投资机构通过提供管理咨询和技术支持，间接参与企业运营，并监督企业科技创新方面的努力和成果。

综上所述，从需求侧的角度看，市场主体（如企业）在进行科技创新活动时，需投入巨额资金。成熟的金融体系，包括金融机构或市场，能提供多样化的衍生金融产品如债券、股权及金融中介产品等。不同背景（政府或市场）的资金提供方能为科技创新提供资金支持，支持企业从技术开发到产品生产的全过程，满足创新活动在各发展阶段的金融需求。从供给侧的角度看，市场主体的科技创新活动呈现高风险、高收益的特征。金融本质上具备资金流转、风险管理以及追求利润的功能，持续的金融支持有助于形成科技创新的规模效应，促进科技成果快速转换，从而扩大盈利空间并提高资金使用效率。

第二节　科技金融的概念和分类

一、科技金融的概念

"科技金融"作为一个独立的学术概念和研究范畴的时间并不是很长，完整的理论体系也尚未形成，因此，无论是实务界还是学术界，对于"科技金融"还没有一个相对明确、完整和科学的定义。目前，尽管针对科技金融本质和内涵的研究不少，但影响较大、认同度较高的学术观点主要以四川大学教授赵昌文和中国科技大学教授房汉廷的观点为代表（李华军等，2019）。

赵昌文等（2009）认为，科技金融是促进科技开发、成果转化和高新技术产业发展的一系列金融工具、金融制度、金融政策与金融服务的系统性、创新性安排，是由向科学和技术创新活动提供金融资源的政府、企业、市场、社会中介机构等各种主体及其在科技创新融资过程中的行为活动共同组成的一个体系，是国家科技创新体系和金融体系的重要组成部分。房汉廷（2010）认为，科技金融不仅是为创新活动提供融资支持的活动，更是形成新经济模式的技术—经济新范式，同时表现为科学技术的资本化和金融资本有机构成提高，投入在科技创新活动中的金融资本获取高附加回报的过程。2011 年，科技部等有关部门和单位发布的《国家"十二五"科学和技术发展规划》指出，科技金融是指通过创新财政科技投入方式，引导和促进银行业、证券业、保险业金融机构及创业投资等各类资本，创新金融产品，改进服务模式，搭建服务平台，实现科技创新链条与金融资本链条的有机结合，为初创期到成熟期各发展阶段的科技企业提供融资支持和金融服务的一系列政策和制度的系统安排。李善民等（2015）也认为，科技金融是政府引导基金、商业银行、风险投资基金等金融资源的供给者。

以学者赵昌文为代表的科技金融定义强调了科技金融工具以及制度和政策的内涵；以学者房汉廷为代表的科技金融定义更趋向于科技、经济与金融交互发展的范式。其他针对科技金融的定义大多围绕两者的表述进行展开。例如，洪银兴（2011）认为，科技金融是金融资本以科技创新，尤其是以创新成果孵化为新技术推进高新技术产业化的金融活动。谭祖卫等（2014）从科技企业技术资产的特性出发，认为科技企业融资实质是借助科技金融手段对技术资产进行信用化和证券化。由此认为，科技金融是在政府推动下，以促进科技创新为目标，以金融机构为主体，以满足科技企业整个生命周期融资需求为导向，以技术资产信用化和证券化为基础开展的一系列金融工具、金融制度、金融政策与金融服务的系统性与创新性安排的总称。刘军民等（2015）认为，科技金融是为科技创新及其商业化和产业化提供整体金融服务的金融新业态，其核心是引导金融资源向科技企业积聚，在促进科技创新的过程中，推动金融创新和金融发展。张明喜等（2018）对科技金融的综合性、内生性、动态性、创新性和社会性内涵进行了继承，并初步构建科技金融理论体系，认为科技金融的本质就是经济金融和科学技术的融合过程，科技金融的功能包括资源配置、风险管理、信息处理和监督管理等。杨涛（2023）从需求和供给视角对科技金融的内涵进行了解读。

围绕创新驱动国家发展战略，结合当前科技金融的探索实践和发展趋势，综合国内学者的有关研究，本书所定义的科技金融（Science and Technology Finance，简称 Sci-Tech Finance）是基于创新驱动发展的融资需求，重点着眼于促进技术研发与科技成果产业化，贯穿科技创新和企业发展的各个阶段，根据风险和收益特点，为技术创新主体提供相匹配各项投融资服务的金融机构、金融工具与金融政策的组合。它既是一种新型的科技经济制度安排，又是一种新型的政府政策供给工具（张璎，2015）。科技金融通过制度安排将资金配置给最有潜力的科技创新企业，通过直接的资金增加效应和增值效应促进技术研发和科技成果商业化，实现企业创新能力的提升和经济高质量发展（Fagerberg et al.，2005；Moon，2022）。因此，本书主要研究科技金融对推动科技创新的重要意义。

二、科技金融的分类

从科技金融的概念来看，本书所称的科技金融更关注其作为科技创新活

动的资金供给者这一视角，不同于一般的融资项目，科技创新由于其突出的
外部性特征，导致科技金融的发展离不开政府引导和市场参与。因此，结合
科技创新活动不同阶段的风险特征及其资金需求，按照科技金融的主体性质
的不同，我国形成了政策性科技金融与商业性科技金融两大类科技金融。

政策性科技金融也称为公共科技金融，主要是通过政府的财政部门和国
家创新基金等渠道，助力周期长、风险高的科技创新活动，旨在弥补市场失
灵，用于支持基础研究、应用技术研发、科技成果转化与产业化等创新活动
的顺利进行（毛道维和毛有佳，2015）。本书中的政策性科技金融主要包括
财政科技投入、政府补贴和税收优惠、政府引导基金等。商业性科技金融也
称为市场型科技金融，是为了缓解科技创新企业融资约束问题，由商业性金
融机构与相关参与方为科技企业创新发展提供一系列金融工具、产品与服务，
主要依托于商业银行、股权投资以及保险公司和资本市场等主体，以投贷联
动、保贷联合等模式，用技术创新产出的收益或保险保障弥补信贷风险，主
要内容包括创业风险投资、科技贷款、科技资本市场以及科技保险（赵昌文
等，2009）。

政策性科技金融的主要作用是弥补市场失灵，通过财政科技投入和政府
引导基金的杠杆放大效应，引导商业性科技金融进入科技创新领域，结合政
府补贴、税收减免等方式降低创新项目投资风险；通过财政资金的撬动，在
市场机制运作下，银行等金融机构以及资本市场中的投资机构、创业风险投
资机构等科技金融市场主体的介入，能够为科技型企业的不同发展阶段提供
多样的资金支持（见表1-1）。

表1-1 科技创新不同阶段特征及科技金融需求

阶段		特点	资金需求	科技金融需求	
				政策性科技金融	商业性科技金融
研发阶段	基础研究/应用研究	外部性高、不确定性大、回报周期长，信息高度不对称	很大	财政科技投入	—
	试验发展		大	政府补贴、税收优惠	创业风险投资（天使投资）、科技保险

续表

阶段	特点	资金需求	科技金融需求	
			政策性科技金融	商业性科技金融
商业化阶段	外部性较低，有一定的不确定性、回报周期短	大	政府补贴、税收优惠、政府引导基金	创业风险投资（VC）、科技贷款、科技保险
产业化阶段	风险低，回报相对稳定、周期短	很大	政府补贴、税收优惠、政府引导基金	私募股权投资（PE）、科技贷款、科技资本市场

资料来源：笔者自行整理。

　　根据科技企业创新所属的阶段不同，科技金融的需求也不相同。

　　第一，技术研发阶段具有外部性特征，不确定性和风险较大，因此这一阶段所需要的资金主要是政府以财政拨款形式对高校和科研院所的资金投入以及对企业的研发补贴或者支持研发的税收优惠政策，还包括企业自有资金，甚至一部分投资于种子阶段的创业风险投资。

　　第二，在成果转化阶段，由于新产品、新技术、新工艺是否有市场尚不明确，也没有产生明显的收益，所需资金量较大，风险仍然较大，但是一旦科技成果成功转化，投资该创新项目的企业将获得创新成果带来的巨额回报。因此，商业性科技金融，尤其是追求高风险、高回报的创业风险投资是这一阶段的投资主体，政策性科技金融中的政府引导基金起引导社会资本的作用。

　　第三，产业化阶段不仅要扩大市场，还需要通过营销手段开拓市场，资金需求量很大，这一阶段科技创新对政策性科技金融和商业性科技金融服务都有需求。这一阶段企业本身技术已经趋于成熟，通过早期的产品销售可以回笼一部分资金，因此可以获得政策性科技金融中的所得税等税收减免、产业化推广补贴，追求稳健收益、以产业转型为目的的政府引导基金也会介入（芦锋和韩尚容，2015）。此外，随着企业经营收益的稳定，已有稳健的技术和足够的资信能力去吸引银行借款以及寻求创业风险投资机构的上市前投资，甚至通过科技资本市场发行债券或股票筹资，并且这一阶段的资金需求可以通过商业性科技金融得到满足。

第二章 我国科技创新与
科技金融的发展现状

本章从实践出发,分析我国科技创新和科技金融的发展现状,从政策性科技金融和商业性科技金融两方面说明不同科技金融的特征和对科技创新的支持情况,为后续实证研究提供实践支持和问题导向。

第一节 我国科技创新的发展现状

中国科学技术发展战略研究院 2023 年 11 月 21 日发布的《国家创新指数报告 2022-2023》显示,2023 年,中国创新能力综合排名上升至世界第 10 位,进一步向创新型国家前列迈进。近年来,中国创新资源投入持续增加,知识产出能力突出,企业创新能力不断提升,创新环境逐步改善,有力支撑和引领着国家高质量发展。

1. 研发投入不断提高

自 2001 年加入世贸组织以来,我国的研发经费支出大幅度提高。研发强度(即研发经费在 GDP 中所占比重)自 2014 年起一直在 2%以上,与 OECD 国家的平均水平逐年接近,研发年投入总额已经接近美国。国家统计局 2024 年 10 月发布的《2023 年全国科技经费投入统计公报》中的数据显示:2023 年,全国共投入研究与试验发展(R&D)经费 33357.1 亿元,比

2022年增加2574.2亿元，增长8.4%；研究与试验发展（R&D）经费投入强度（研发投入与国内生产总值之比）为2.65%，比2022年提高0.09个百分点。根据大连理工大学发布的《中国研发经费报告（2022）》，我国无论是从研发投入量还是从研发投入强度增长率来看，都仅次于美国，排名世界第二。

分部门来看，国家统计局数据显示，我国各类企业研究与试验发展（R&D）经费从2013年的9075.8亿元增长到2022年的23878.6亿元，10年间增长了1.6倍以上。图2-1展示了我国2004~2022年整体的研发经费投入分布情况，从图中可以看出，在整体研发经费投入稳定增长的同时，企业研发投入也实现了快速扩张，在全国创新研发中占据越来越重要的地位。由此可见，企业作为我国创新活动主体的地位越发明显。

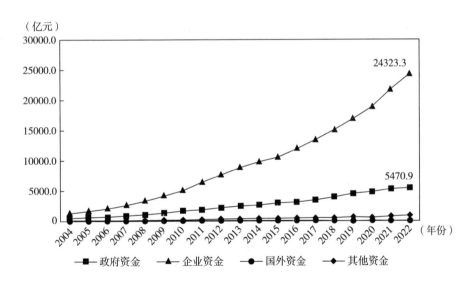

图2-1 2004~2022年我国研发经费内部支出来源

资料来源：《中国科技统计年鉴2023》。

2. 专利申请量增长

在研发投入快速上涨的同时，专利申请数量自2000年出现了井喷式增长。据世界知识产权组织发布的数据，2011年，我国专利申请数量首次位列世界第一，之后更是连续十四年居榜首。截至2023年底，我国国内（不含港澳台）发明专利有效量达到 401.5 万件，同比增长 22.4%，成为世界上首个国内有效发明专利数量突破 400 万件的国家①。

3. 成果转化能力增强

根据《中国科技成果转化年度报告 2022》，我国科技成果转化交易规模持续扩大，2021 年通过转让、许可、作价投资方式转化科技成果的合同总金额为 227.4 亿元，比 2020 年增长 11.1%。《2022 年中国专利调查报告》显示，2022 年我国有效发明专利产业化率为 36.7%，说明我国高质量科技成果转移转化逐步实现社会化、市场化和专业化。

4. 创新成效进一步显现

"创新成效"领域包括新产品销售收入占营业收入比重、高新技术产品出口额占货物出口额比重、专利密集型产业增加值占 GDP 比重、"三新"经济增加值占 GDP 比重、全员劳动生产率五个指标。

从表 2-1 中可知，以 2015 年为基期，指数 100，2022 年我国创新成效指数为 128.2，年均增速为 3.6%。分指标看，新产品销售收入占营业收入比重指数为 181.0，年均增速为 8.8%；高新技术产品出口额占货物出口额比重指数为 92.3，年均增速为 -1.1%；专利密集型产业增加值占 GDP 比重指数为 115.7，年均增速为 2.1%；"三新"经济增加值占 GDP 比重指数为 117.5，年均增速为 2.3%；全员劳动生产率指数为 152.2，年均增速为 6.2%。

表 2-1　2015~2022 年创新成效指数

项目	2015 年	2016 年	2017 年	2018 年	2019 年	2020 年	2021 年	2022 年	年均增速（%）
创新成效指数	100	105.2	110.7	115.5	118.0	123.6	127.2	128.2	3.6
新产品销售收入占营业收入比重指数	100	110.8	124.4	137.1	146.2	161.6	165.4	181.0	8.8
高新技术产品出口额占货物出口额比重指数	100	99.8	102.3	104.2	101.4	104.0	102.5	92.3	-1.1
专利密集型产业增加值占 GDP 比重指数	100	104.6	106.5	107.4	107.4	110.8	115.2	115.7	2.1

---

① 资料来源：国家知识产权局。

续表

项目	2015 年	2016 年	2017 年	2018 年	2019 年	2020 年	2021 年	2022 年	年均增速（%）
"三新"经济增加值占 GDP 比重指数	100	104.1	107.1	109.1	110.4	115.6	116.8	117.5	2.3
全员劳动生产率指数	100	106.9	114.5	122.7	130.5	134.0	146.1	152.2	6.2

注：以 2015 年为 100。

资料来源：国家统计局。

第二节　我国科技金融的发展现状

一、政策性科技金融发展现状

科技创新活动的前端是基础研究和应用研究，由于这两部分的投入难以获得经济回报，因此商业性科技金融难以介入，而政策性科技金融不仅能以权益性资助、无偿资助①等方式对科技创新活动的早期风险进行显现和释放，还能引导和放大社会金融资源。从 20 世纪 50 年代开始，各国政府开始探索通过财政支援、税收优惠等方式来持续改善初创企业的发展环境。下面分别说明财政科技支出、政府补贴、税收优惠以及政府引导基金这四种政策性科技金融工具的发展现状。

（一）财政科技支出

财政科技支出有不同的范畴，如按照政策工具的不同（研发补贴、税收优惠等）以及执行单位的不同（科研机构、高校、企业等）来进行区分。本书的财政科技支出是指中央政府以及地方政府为了支持科技创新，提供科技公共产品的支出。财政科技拨款是财政资金支持研发创新活动的主要途径，

---

① 无偿资助主要指的是后补助，主要指对项目单位先行投入的研发资金或取得的成果、绩效和提供的服务等给予相应补助的财政支持方式，包括贷款贴息、以奖代补、奖励性补助、风险补偿等。

·13·

财政科技拨款在我国财政总支出中占有 4% 左右的比重。根据国家统计局公布的数据，2023 年，国家财政科学技术支出 11995.8 亿元，比 2022 年增加 867.4 亿元，增长 7.8%。其中，中央财政科技支出 3973.1 亿元，占全国财政科技支出的比重为 33.1%；地方财政科技支出 8022.7 亿元，占比为 66.9%，表明地方政府越来越重视科技创新，加速推动区域经济发展模式从要素驱动向创新驱动转变。

根据《2024 年政府收支分类科目》，国家财政一般公共预算支出科目中的科学技术支出包括：科学技术管理事务、基础研究、应用研究、技术研究与开发、科技条件与服务、社会科学、科学技术普及、科技交流与合作、科技重大项目支出以及其他科学技术支出十项内容。其中，研发活动是财政科技支出的重要支持内容，《中国科技统计年鉴 2023》数据显示，基础研究和应用研究经费占国家财政科技支出的比重约 55%[①]。从数据上看，政府作为我国研发经费第二大来源部门，过去十年来，中国政府财政研发经费支出以年均近 14% 的速度稳步增长。从图 2-2 中可以看出，来自政府的研发经费从 2010 年的 1696 亿元上升到了 2022 年的 5470.9 亿元，占全社会研发经费总量的 17.8%。根据大连理工大学发布的《中国研发经费报告（2022）》，中央政府研发经费的主要类型是应用研究经费，占比稳定在 70% 左右，基础研究经费占比不断增长，2020 年达到 29%；地方政府研发经费在 2012 年开始出现大幅度增长，主要类型是技术研究与开发经费，占比约 75%；应用研究占比在 10% 左右波动；基础研究经费占比偏低。

需要注意的是，我国财政科技投入对象主要是与政府相关部门有隶属关系的高等院校、科研院所等。因为没有市场价值的导向与考核机制，所以难以判断财政科技资金的效率和产出。而科技创新活动主体是微观企业，虽然财政科技资金也会通过层层拨款或者其他渠道对企业研发创新起到一定的作用，但是我国财政科技投入以研究机构为主体的投入导向和以应用研究为主体的投入模式难以通过科技创新协调效应和科技成果产业化实现创新驱动发

---

① 注：研发经费还包括试验发展，但是由于国家财政科技支出主要是对科研院所和大学的经费支持，而试验发展主要由企业执行，国家财政科技支出科目中试验发展没有被明确归类，此处的比例实际应为（基础研究+应用研究+试验发展）经费/国家财政科技支出。

展。所以，除了传统的科学技术投入方式，政府还综合运用补助补贴、减免税政策以及各类创新基金等一系列创新型财政扶持方式，对科技型企业发展提供有力的资金支持。

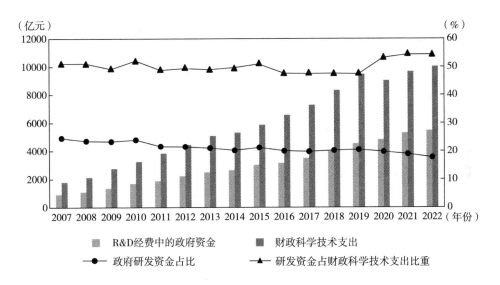

图2-2 国家财政科学技术拨款与政府研发投入

资料来源：《中国科技统计年鉴2023》。

（二）政府补贴

政府补贴是指符合资格的企业可以无偿地直接从政府获得资金。政府补贴的形式包括间接补贴和直接补贴，直接补贴是指政府根据目标企业状况提供所需资金帮助其开展技术创新活动，间接补贴是指政府对某些出口商品给予财政上的优惠，本书的政府补贴仅指其中的直接补贴。直接补贴作为政府激励创新的手段，侧重于"事前激励"，能够使企业在短时间内增加现金流和获得资金支持，减轻企业在研发投入前期的资金压力，同时提升企业的预期收入，为企业创新提供资金准备。同时，政府的参与向外界释放良好的信号，有助于吸引社会投资机构向企业提供资金，进一步缓解企业在创新过程中的融资难、融资贵和融资渠道少等约束。政府补贴具备以下特征：①无偿性。政府虽然提供资金帮助企业开展创新活动，但并不会以此为理由参与到企业的决策之中或者借机对目标企业施加控制，企业也无须偿还这部分资金。但是政府也不是随意选择补贴对象的，而是根据市场经济特征和社会发展需要来选择所要支持的企业。②企业直接获得资产。政府补贴是直接给予企业资产，包括货币性资产和非货币性资产，形成企业的收益。

由于中国经济金融研究（CSMAR）数据库统计政府补贴数据的起始年份为2003年，因此从2003年开始对上市企业获得的政府补贴资金总额按照年份加总，以体现政府补贴力度的整体规模与发展趋势。从图2-3中明显看出，2007年后对上市企业的政府补贴金额的规模不断增加，并在2021年突破3000亿元。图2-4则反映了2003~2022年获得政府补贴企业占所有上市A股企业的比例。在2007年，政府补贴的覆盖规模就已经达到了74.98%，而在2010年获得政府补贴企业所占的比例突破了90%，2022年更是有99.44%的企业获得了不同程度的政府补贴。由此可见，政府对企业创新所面临的风险和不确定性提供了有效的保障，为促进企业科技创新发展提供了大力支持。

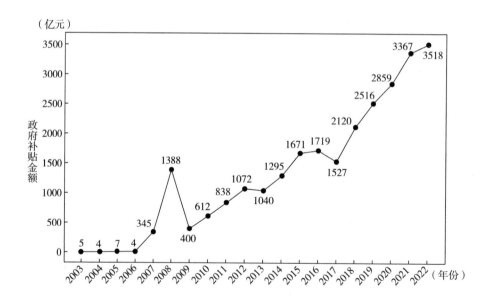

图2-3　2003~2022年政府补贴规模

资料来源：CSMAR数据库。

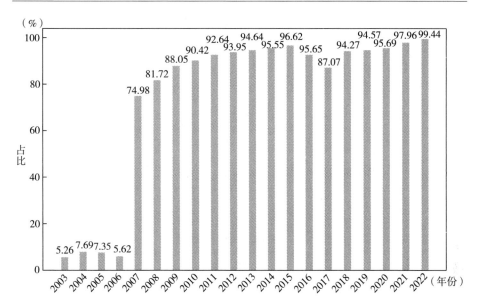

图 2-4　2003~2022 年获得政府补贴企业占比

资料来源：CSMAR 数据库。

由于政府补贴类型较多，为了厘清政府补贴的用途与目的，参考聂辉华等（2022）的做法将政府补贴类型分为：税收优惠和奖励、研发补贴、吸纳人才补贴、产业升级补贴、项目运营补贴、就业补贴、贸易补贴、环境保护和治理补贴、信贷补贴以及其他补贴。如果上市公司报表的某条补贴明细中包含与以上分类主题相关的关键词，则把该条补贴明细归入对应类型补贴。本书将不包含特定目的的补贴或者只简单称为"补贴"、"津贴"、"奖励"或"支持"等归类为其他补贴。若某个政府补贴同时可以被划分到不同补贴类型中，则按照上述补贴类型出现的先后顺序将该类政府补贴划分到第一次出现的类别当中。目前，CSMAR 数据库收录政府补贴数据的起止年份分别为 2003 年和 2022 年，按照上述划分标准，政府对于上市企业的补贴类别如表 2-2 所示。从表 2-2 中可以看出，用于促进研发活动的政府补贴条目数量是最多的，而从补贴金额来看，用于税收优惠和奖励的政府补贴规模已经突破4000 亿元，研发补贴规模虽位列第四，但其规模也接近 2000 亿元。

表 2-2　企业补贴分类

补贴类型	补贴条目数（条）	补贴条目占比（%）	补贴金额合计（亿元）	主要目的
税收优惠和奖励	41632	7.50	4104	退税、税收减免、税费返还等税收优惠；纳税奖励
研发补贴	142610	26.58	1804	对当前生产技术的改造；对新技术的研发、创新的资助；促进技术应用和产业化推广
吸纳人才补贴	13235	2.38	275	对企业引进人才、研究人员（如博士后或者科研团队等）科研经费、人才内部培养等方面的补贴
产业升级补贴	56503	10.18	2450	工业发展扶持和奖励；对产业发展、转型的补贴；对生产设备更新、生产线引进的补贴
项目运营补贴	46559	8.38	4586	生产经营补贴（电费补贴、安全生产补贴、土地整理和补偿、管理系统改造补贴等）；对招商引资的补贴
就业补贴	23444	4.22	263	稳岗就业补贴、职工技能培训补贴等
贸易补贴	11258	2.03	537	进出口业务补贴；鼓励企业对外合作、拓展国外市场
环境保护和治理补贴	14113	2.54	319	主要用于鼓励企业采用或者投资于节能环保的清洁生产类设备和生产线
信贷补贴	3780	0.68	113	贷款贴息；融资补贴或奖励；信贷支持
其他补贴	202159	35.51	14210	不属于以上类型的补贴条目

资料来源：笔者根据 CSMAR 数据库数据整理所得。

（三）税收优惠

我国的税收优惠政策主要通过实际税率下调和改变税基这两种方式，具体包括减税、免税、即征即退和先征后返等方式实施直接税收减免，同时以研发费用加计扣除、固定资产加速折旧、税前扣除和投资额抵扣等方式实施间接税收优惠。税收优惠政策有助于降低企业经营成本，增加企业现金流，激励企业进行专项投资或生产经营活动。从税收优惠的税种来看，企业增值税税收优惠政策涉及对象主要有小微企业、软件企业、光伏发电企业、科技企业孵化器、大学科技园、众创空间以及增值税纳税企业和研发机构，主要通过调整起征点、税率简并和税率下调等普适性政策工具，以及对符合特定条件的企业增值税即征即退、免征增值税和全额退还增值税等选择性政策工具来激励企业开展创新活动。企业所得税税收优惠政策涉及对象范围广泛，主要有高新技术企业、小微企业、软件产业和集成电路产业、创业投资企业、技术先进型服务企业等。

2023 年，全国新增减税降费及退税缓费超 2.2 万亿元①。参照国家税务总局于 2024 年 1 月发布的《减免税政策代码目录》，对当前我国各项减税政策的数量及其在整体减税政策中的比例进行了梳理，以评估国家在促进企业创新发展方面的政策重视程度。截至 2024 年 1 月，我国的减税政策共计 891 项，涵盖 11 个减免政策大类。在排除了"支持其他各项事业"这一综合性质的大类之后，针对改善民生、支持文化教育体育、支持金融资本市场、节能环保以及鼓励高新技术发展的减税政策数量位于前五位，分别达到 198 项、173 项、126 项、105 项、61 项，所占比例依次为 22.22%、19.42%、14.14%、11.78%、6.85%。从减税政策的数量分布看，旨在促进企业创新发展的相关减税措施在总体政策框架中占据了相对重要的位置，凸显了政府在通过减税政策层面鼓励企业推进创新活动方面的积极态度。国家税务总局数据显示，"十三五"时期，我国鼓励科技创新税收政策减免金额年均增长 28.5%，五年累计减税 2.54 万亿元，培育壮大了新动能。制造业、信息传输和信息技术服务业、科学研究和技术服务业三大行业享受减税额合计占比近九成，其中集成电路和软件产业自 2019 年起减免规模超过 1000 亿元。

我国鼓励科技创新税收政策体系，主要包括减轻高新技术企业税负、鼓励研发经费投入、鼓励研发设备投资、鼓励科技成果转化等方面。2024 年 3 月，财政部会同科技部、海关总署、税务总局等部门联合编写了《我国支持科技创新主要税费优惠政策指引》，按照科技创新活动环节，从创业投资、吸引和培育人才优惠、研究与试验开发、成果转化、重点产业发展等方面对政策进行了分类（见表 2-3）。多年来，我国不断完善税费制度体系，税费优惠政策已覆盖创业投资、创新主体、研发活动等创新全链条。

---

① 资料来源：新华社，参考网址 https://www.gov.cn/zhengce/jiedu/tujie/202401/content_ 69 26863.htm。

表 2-3　我国支持科技创新主要税费优惠政策（部分）

税种名称	类别	事项名称	享受主体
增值税	研究与试验开发	研发机构采购设备增值税政策	内资研发机构、外资研发中心
	成果转化	技术转让、技术开发，以及与之相关的技术咨询、技术服务免征增值税政策	符合条件的增值税纳税人
	重点产业发展	软件产品增值税，即征即退政策	符合条件的增值税一般纳税人
		集成电路重大项目企业增值税留抵税额退税政策	国家批准的集成电路重大项目企业
		制造业、科学技术服务业等行业企业增值税留抵退税政策	符合条件的"制造业""科学研究和技术服务业""电力、热力、燃气及水生产和供应业""软件和信息技术服务业""生态保护和环境治理业""交通运输、仓储和邮政业"
企业所得税	创业投资	公司制创业投资企业和合伙制创业投资企业的法人合伙人投资初创科技型企业、中小高新技术企业，按投资额70%抵扣应纳税所得额政策	公司制创业投资企业、有限合伙制创业投资企业的法人合伙人
	吸引和培育人才优惠	将企业职工教育经费税前扣除比例由2.5%提高至8%	所有企业
	研究与试验开发	企业投入基础研究企业所得税优惠政策	出资方：企业 接收方：非营利性科研机构、高等学校
		研发费用加计扣除政策	不适用税前加计扣除政策的七类行业企业外（详见申请条件）
		设备、器具一次性税前扣除政策	所有企业
		企业外购软件缩短折旧或摊销年限政策	所有企业
	成果转化	企业以技术成果投资入股递延纳税优惠政策	以技术成果入股的企业
		居民企业技术转让所得减免企业所得税优惠政策	开展科技成果转移转化活动的企业
		在中关村国家自主创新示范区特定区域开展技术转让企业所得税优惠政策试点	中关村国家自主创新示范区

续表

税种名称	类别	事项名称	享受主体
企业所得税	重点产业发展	集成电路和工业母机研发费用120%加计扣除政策	集成电路企业和工业母机企业
		集成电路和软件企业所得税减免优惠政策	国家鼓励的集成电路生产企业、集成电路设计企业、软件企业
		集成电路设计企业和软件企业职工培训费税前扣除政策	集成电路设计企业和软件企业
		软件企业即征即退增值税款作为不征税收入政策	软件企业
		高新技术企业减按15%税率征收企业所得税政策	国家需要重点扶持的高新技术企业
		制造业和信息技术传输业固定资产加速折旧政策	符合特定条件企业
		技术先进型服务企业减按15%税率征收企业所得税政策	经认定的技术先进型服务企业
		延长高新技术企业和科技型中小企业亏损结转年限政策	高新技术企业、科技型中小企业
个人所得税	创业投资	有限合伙制创业投资企业个人合伙人或天使投资人，投资初创科技型企业按投资额70%抵扣应纳税所得额政策	有限合伙制创业投资企业个人合伙人、天使投资个人
	吸引和培育人才优惠	粤港澳大湾区、横琴粤澳深度合作区、海南自贸港高端紧缺人才个人所得税优惠政策	在粤港澳大湾区、横琴粤澳深度合作区、海南自由贸易港工作的境外高端人才和紧缺人才
	研究与试验开发	由国家级、省部级以及国际组织对科技人员颁发的科技奖金免征个人所得税政策	科技人员
	成果转化	高新技术企业技术人员股权奖励分期缴纳个人所得税政策	高新技术企业的技术人员
		职务科技成果转化现金奖励减征个人所得税政策	非营利性科研机构和高校的科技人员
		职务科技成果转化股权奖励递延纳税政策	科研机构、高等学校职务科技成果转化的获奖人
		个人以技术成果投资入股递延纳税政策	以技术成果入股的个人

续表

税种名称	类别	事项名称	享受主体
进口关税	研究与试验开发	进口科学研究、科技开发和教学用品免征进口关税和进口环节增值税、消费税政策	符合条件的科学研究机构、技术开发机构学校、党校（行政学院）、图书馆、出版物进口单位
	重点产业发展	集成电路和软件企业免征进口关税、集成电路企业分期缴纳进口环节增值税政策	符合条件的集成电路和软件企业
		新型显示企业免征进口关税、分期缴纳进口环节增值税政策	符合条件的新型显示企业
		重大技术装备生产企业和核电项目业主免征进口关税和进口环节增值税政策	生产国家支持发展的重大技术装备或产品的企业及核电项目业主
其他税费	研究与试验开发	非营利性科研机构自用房产土地免征房产税、城镇土地使用税政策	非营利性科研机构
	成果转化	专利收费减免优惠政策	专利申请人或者专利权人

资料来源：《我国支持科技创新主要税费优惠政策指引》。

当前，我国税收优惠的体系总体上呈现以直接减免为主导，辅以间接激励措施的特征，这一政策结构为促进企业科技创新与研发投入提供了综合性的支持（王桂军和张辉，2020）。2007年开始，对国家需要重点扶持的高新技术企业，减按15%的税率征收企业所得税。2007年有9家高新技术企业获得15%所得税优惠，减免金额1924万元。2021年，共有3033家高新技术企业获得15%所得税优惠，减免税额达到123.84亿元（见图2-5）。根据国家税务总局数据：2022年1月至9月2日，各项税费优惠政策支持高技术行业和高新技术企业累计新增减税降费及退税缓税缓费7618亿元，带动2022年1~8月全国高技术产业和高新技术企业销售收入同比增长5.7%。2022年，全国高技术产业销售收入同比增长9.9%，特别是享受留抵退税的高技术产业企业销售收入同比增长11.5%，比没有享受留抵退税的高技术产业企业销售收入增长率高 2.1 个百分点①。

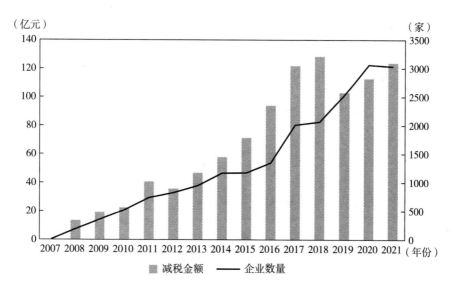

图 2-5　2007~2021 年获得高新技术企业所得税减免企业数及减免额

资料来源：中国经济金融研究（CSMAR）数据库。

　　在间接支持上，为促进企业研发活动，我国从 2008 年开始实施研发费用加计扣除政策，企业为开发新技术、新产品、新工艺发生的研究开发费用，未形成无形资产计入当期损益的，在据实扣除的基础上，按照研究开发费用的 100% 在所得税前加计扣除。2015 年放宽了享受优惠的企业研发活动及研发费用的范围，2017 年将科技型中小企业享受研发费用加计扣除比例由 50% 提高到 75%。2023 年将符合条件行业企业研发费税前加计扣除比例由 75% 提升至 100%。根据国家税务总局数据：全国享受研发费用加计扣除政策的企业户数由 2015 年的 5.3 万户提升到 2019 年的 33.9 万户，五年间扩大了 5.4 倍，减免税额由 725.7 亿元提升至 3552.1 亿元，2020 年达到 3600 亿元，年均增长 37.8%。②

---

　　① 资料来源：国家税务总局，参考网址 https：//www.chinatax.gov.cn/chinatax/n810219/n810780/c5220700/content.html。

　　② 资料来源：国家税务总局，参考网址 https：//app.www.gov.cn/govdata/gov/202103/29/469829/article.html。

（四）政府引导基金

面对"融资难、融资贵、融资少"等初创企业创新发展的瓶颈问题，美国（SBIC计划）、澳大利亚（IIF项目）、以色列（Yozma基金）等国家，先后设立政府引导基金，以期通过政府出资或者担保的方式，撬动社会资本流入初创企业来摆脱融资困境。从狭义的视角来看，政府引导基金属于政府产业投资基金[①]的一种，用政府产业投资基金来促进新兴产业发展既是产业政策的一项重要创新，也是财政资金"拨改投"后财政投融资模式的重大转变。与财政补贴、税收优惠等政府直接资助、无偿转移支付方式不同，政府产业投资基金以间接资助、股权投资方式对实体企业进行投资，既能够缓解企业的研发融资约束，又能够发挥财政资金的杠杆效应和政策引导效应，还能够通过市场化方式来运作管理基金从而提高政策实施的灵活性（胡凯和刘昕瑞，2022）。广义而言，把以发挥财政资金的杠杆放大效应为宗旨、引导资金投向相关产业或促进创新创业的基金统称为政府引导基金。

早期的政府引导基金主要是通过政府率先出资，吸引社会资本投向地区战略性新兴产业及高技术产业，以此实现政府对初创企业间接资金扶持的一种母基金。通过发挥财政资金的放大效应，促进重点战略产业、高技术产业的快速发展（李善民等，2020）。2015年11月，财政部印发的《政府投资基金暂行管理办法》将政府引导基金的投资范畴从创业投资拓展到产业转型升级投资以及基础设施/公共服务领域。至此，政府引导基金通过市场化的基金运作机制，通过参股、跟进投资、风险补助以及投资保障等模式（见表2-4），成为支持科技创新、新兴产业成长的"领头资本"。根据私募通数据，截至2023年，政府引导基金中产业基金占比超60%，主要聚焦于新能源、新材料、数字经济、生命健康、半导体等战略新兴领域，推动产业升级；创业投资基金在"投小""投科技""共同投"的战略指引下，发挥财政资金的

---

① 现有的学术研究以及政策文件中，政府引导基金、政府投资基金、政府产业引导基金、创业投资引导基金存在一定的概念交叉。2016年12月，国家发展改革委印发的《政府出资产业投资基金管理暂行办法》明确了政府出资产业投资基金指政府出资，主要投资于非公开交易企业股权的股权投资基金和创业投资基金。本书从广义的角度定义政府引导基金，与政府投资基金内涵相同，是按照市场化股权投资的运作方式，吸引各类社会资本参与，对当地特定行业或领域的发展需求具有扶持作用的政策性基金。

引导放大作用，撬动社会资本重点投向风险高的种子期企业，约占10%；PPP基金占比为20%。

表2-4 政府引导基金的模式

模式	内容
参股	引导基金向创业风险投资机构参股，并按事先约定的条件和规定的期限支持设立新的创业风险投资机构，扩大对科技型中小企业的投资总量
跟进投资	引导基金与创业风险投资机构共同投资于初创期中小企业，以支持已经设立的创业风险投资机构，降低其投资风险
风险补助	对已投资于初创期高科技中小企业的创业风险投资机构予以一定的补助，增强创业投资机构抵御风险的能力
投资保障	创业引导基金对有投资价值但有一定风险的初创期中小企业，在先期予以资助的同时，由创业投资机构向这些企业进行股权投资的基础上，引导基金再给予第二次补助

资料来源：华经产业研究院。

2002年起，各地开始进行政府引导基金的相关探索，2002年国内首只政府引导基金——中关村创业投资引导基金成立，该引导基金由地方财政出资5亿元，由中关村管委会下属的北京中关村创业投资发展中心运营，早期主要通过跟进投资的方式运营。2006年颁布的《国家中长期科学和技术发展规划纲要（2006—2020年）》鼓励地方政府设立创业风险投资引导基金，鼓励中小企业自主创新。"十二五"以来，中央政府先后设立国家科技成果转化引导基金、国家集成电路产业投资基金等产业投资引导基金以支持新兴、重点、战略性产业的发展（高瑞东和樊俊，2017）。表2-5中列示了部分国家级政府引导基金。

表2-5 国家级政府引导基金

名称	成立时间	资金来源	运作模式/支持内容
科技型中小企业创业投资引导基金	2007年	2007年财政部和科技部联合印发《科技型中小企业创业投资引导基金管理暂行办法》，标志着我国首只国家级引导基金——科技型中小企业创业投资引导基金成立，其资金来源于中央财政科技型中小企业创新基金	采用"阶段参股+跟进投资+风险补助+投资保障"的全流程支持方式，为从事创业投资的创业投资企业、创业投资管理企业、具有投资功能的中小企业服务机构以及初创期科技型中小企业充当"孵化器"

续表

名称	成立时间	资金来源	运作模式/支持内容
国家科技成果转化引导基金	2011 年	2011 年财政部和科技部颁布《国家科技成果转化引导基金管理暂行办法》，2014 年颁布了《国家科技成果转化引导基金设立创业投资子基金管理暂行办法》，资金来源于中央财政拨款	利用创业投资子基金、货款风险补偿和绩效奖励支持科技成果转化
新兴产业创投计划	2009 年	2011 年财政部和国家发展改革委颁布《新兴产业创投计划参股创业投资基金管理暂行办法》	中央财政资金通过直接投资创业企业、参股创业投资基金等方式，培育和促进新兴产业发展的活动
国家中小企业发展基金	2020 年	成立于 2020 年，目标规模 600 亿元，由国务院常务会议研究决定设立；中央财政通过整合资金出资 150 亿元	通过设立母基金、直投基金等，重点对种子期、初创期中小企业给予支持，降低中小企业融资成本，切实激励创业创新

资料来源：笔者自行整理。

2008 年，国家发展改革委、财政部、商务部发布了《关于创业投资引导基金规范设立与运作的指导意见》，明确了政府引导基金的运作规范，随后我国政府引导基金进入了快速发展阶段，加上各级政府积极探索国有资本与股权投资行业结合的运作方式，政府引导基金规模不断扩大，种类不断增加。2014 年 5 月国务院常务会议召开，会议决定成倍扩大中央财政新兴产业创投引导资金规模，加快设立国家新兴产业创业投资引导基金。随后，400 亿元规模的国家新兴产业创业投资引导基金和 600 亿元规模的国家中小企业创业发展基金相继成立。同时，政府引导基金开始由中央向地方延伸，各级地方政府纷纷设立各种创投基金、产业基金和股权基金等，并在 2015 年进入大规模发展阶段。从图 2-6 中可以看出，2013~2022 年，政府引导基金数量增加了 1318 只，复合年均增长率为 24.50%；政府引导基金自身规模增加了 26371 亿元，复合年均增长率为 44.34%。政府引导基金 10 年间呈稳定增长态势。可以说，政府引导基金已经成为我国资本市场投资来源的重要选择（朱志，2022）。

图2-6　2013~2022年累计政府引导基金情况（规模及数量）

资料来源：投中研究院。

二、商业性科技金融发展现状

（一）创业风险投资

科技企业发展初期表现出高风险、高收益特征，研发活动所需要的持续高投入、研发成果的高不确定性、成立初期缺乏抵押资产等因素使得初创期科技企业难以满足信贷融资的信用要求，而创业风险投资可以共享企业风险与收益，更符合科技企业初期融资需求（Tian and Wang，2014）。创业风险投资①起源于美国，从最初支持半导体产业，到微型计算机业，到软件业，再到互联网业，不断推动着这些新兴高科技产业的发展（Nicholas，2019），助力了硅谷的崛起和科技创新的发展（谈毅，2015）。Kortum 和 Lerner（2000）以美国 20 个产业 1965~1992 年的数据为样本，发现风险投资带来专利数量的增加效应是企业研发投资的 3.1 倍。从全球范围来看，现在世界知名的高科

---

① 关于创业风险投资有很多不同的叫法，如天使投资、创业投资、风险投资、私募股权投资。清科研究中心将以上统称为股权投资；投中研究院则区分为创业投资及私募股权投资两类，英文缩写 VC/PE（全称为 Venture Capitcal & Private Equity）。本书此处的创业风险投资是以上所有叫法的总称。

技企业，如微软、苹果、IBM、Google、Twitter、Facebook、阿里巴巴、京东、美图秀秀、蔚来汽车、小米等背后都有股权投资的身影（CB Insights，2021）。

创业风险投资是指通过向不成熟的、未上市的创业企业或蕴藏着较大失败危险的高新技术开发领域提供股权资本，并为其提供管理和经营服务，期望企业通过创新项目的成功和企业成长，通过股权转让收取高额中长期收益的投资行为。我国创业风险投资发展较晚，1986 年国家科委和财政部牵头组建中国创业风险投资公司，1992 年由美国国际数据集团（IDG）投资在中国设立第一个风险投资基金——美国太平洋风险投资基金。根据清科研究中心的数据，1992 年，我国活跃的投资机构仅 10 余家，并且以外资创业投资机构为主。2009 年进入起步期，以天使投资为代表的早期投资、以成熟企业为投资对象的私募股权投资机构相继出现，活跃的投资机构达到 500 家。2015 年，股权投资活跃机构达到 3000 家，投资形式更加多样（清科研究中心，2020）。根据中国科学技术发展战略研究院发布的《中国创业投资发展报告 2022》，截至 2021 年底，中国创业投资机构数达到 3568 家，增幅 8.4%，创业投资管理机构的资产规模为 13035.3 亿元，累计投资高新技术企业项目数 12937 项，投资金额 2585.8 亿元，占比分别为 40.4% 和 35.5%（刘冬梅等，2022）。创业风险投资市场重点投资行业已经完全转向以科技创新驱动的领域。根据投中研究院发布的数据，先进制造、医疗、新能源三大领域融资数量合计占比从 2018 年的 21% 增长至 2023 年的 50%，成为创业风险投资市场发展的引擎。

从募资结构上看，创业风险投资中的有限合伙人 LP（Limited Partnership）包括企业、金融机构、个人、政府引导基金以及政府机构/政府出资平台、市场化母基金、捐赠基金等。其中，国有资本背景机构数量连续 5 年正增长，从 2018 年的 807 家增至 2023 年的 1064 家，占比从 2018 年的 7.58% 增至 2023 年的 13.11%，已经成为创投市场中最重要的参与者之一①。按照投资轮次分为早期投资—天使轮投资 A—C 轮—D 轮—E 轮及以后 Pre-IPO 轮投资。在过去的十年中，越来越多的企业选择在 IPO 前通过创业风险

---

① 资料来源：烯牛数据，网址 https：//www.xiniudata.com/。

投资进行筹资。根据清科研究中心的统计，创业风险投资对 IPO 企业的投资渗透率从 2012 年的 41.7% 上升到了 2020 年的 58.2%。创业风险投资和资本市场组合的方式不仅有助于解决初创及创新型企业在发展过程中面临的资金匮乏和高风险问题，而且促进了科技成果的产业化及产业的转型升级（辜胜阻等，2016）。

但是，当前我国创业风险投资行业发展尚不完善，支持创新驱动发展战略力度还有提升的空间，与发达国家创投行业存在较大差距。根据美国风险投资协会的数据，2021 年，美国新增创业投资为 3300 亿美元，约合人民币 2.1 万亿元，美国一年完成的创业投资规模几乎等于我国存续的创业投资总规模①。

（二）科技贷款

金融行业一直是科技发展不可或缺的动力源泉。自 20 世纪 80 年代中期起，银行业便开始打破传统约束，创设了旨在支持科技发展的贷款业务。进入 20 世纪 90 年代，商业银行进一步扩大了对新兴高科技产业的贷款规模，增设了更多的中长期贷款产品，并持续优化金融服务，以更好地满足科技发展的需求。

2000~2008 年，根据《中国科技统计年鉴》，金融机构向工业企业的科技活动提供的贷款约占科技活动经费筹集总额的 6%，如果加上其他机构的科技活动，银行贷款占科技活动经费筹集总额的 5%。这个比重并不高，说明在 2009 年之前，虽然我国主要的融资渠道为金融机构的间接融资，但是相当一部分资金并没有进入科技活动中去。党的十八大以来，商业银行通过开发专属科技信贷产品，创新专营信贷体系，设立专营机构和服务团队，实现差异性、定制化产品支持与服务。2013~2019 年，金融机构为科学研究和技术服务提供的贷款规模不断增加。2019 年末，科技贷款人民币余额比 2013 年增加了 1.94 倍（见图 2-7），说明银行贷款助力科技创新的情况得到了改善，并且开创了稳中向好的局面。

---

① 资料来源：中国网，网址 http://fangtan.china.com.cn/2022-05/12/content_78215056.htm。

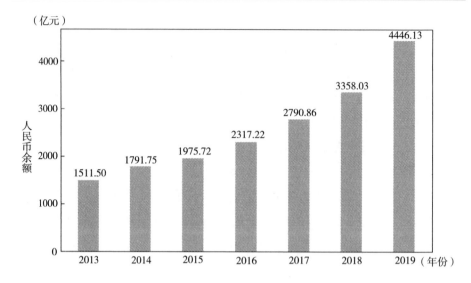

图 2-7　2013~2019 年科技贷款规模

资料来源：《中国金融统计年鉴》。

根据中国银行业协会发布的《2022 年度中国银行业发展报告》，截至 2021 年末，银行业金融机构对科技型企业贷款余额同比增长 23.2%，较全部贷款平均增速高 12.1 个百分点；共设立科技支行、科技特色支行、科技金融专营机构 959 家，同比增长 14.4%。2022 年 4 月，中国人民银行联合工业和信息化部、科技部创设科技创新再贷款，由 21 家全国性金融机构向"高新技术企业"、"专精特新"中小企业、国家技术创新示范企业、制造业单项冠军企业等科技创新企业按贷款本金的 60% 予以低成本资金支持，贷款利率 1.75%，额度为 2000 亿元[①]。2023 年新增设备更新改造专项再贷款[②]，2024 年 4 月，中国人民银行延续科技创新再贷款和设备更新改造专项再贷款政策，设立科技创新和技术改造再贷款，向处于初创期、成长期的科技型中小企业，以及重点领域的数字化、高端化、智能化、绿色化技术改造和设备

[①]　中国人民银行：http://www.pbc.gov.cn/zhengcehuobisi/125207/125213/4634692/4634700/4635588/index.html。

[②]　中国人民银行：http://www.pbc.gov.cn/zhengcehuobisi/125207/125213/4634692/4634700/4994672/index.html。

更新项目提供信贷支持。科技创新和技术改造再贷款额度 5000 亿元，利率 1.75%，期限 1 年①。

由科技部、财政部和国家税务总局联合认定的高新技术企业的获贷率也提升到 54.2%，说明商业银行服务科技型企业力度逐步加大（平安证券，2024）。根据智慧芽旗下智慧芽创新研究中心发布的《2023 全球企业知识产权创新调研报告》，我国专利质押融资的普及程度从 17.4% 提升至 21.2%，增加近 4 个百分点。国家知识产权局数据显示，2022 年，中国专利商标的质押融资规模达到 4868.8 亿元，相较于 2021 年增长 57%②。根据中国人民银行发布的数据，截至 2023 年 6 月末，高技术制造业中长期贷款余额 2.5 万亿元，同比增长 41.5%，连续 3 年保持 30% 以上的较高增速；科技型中小企业贷款余额 2.36 万亿元，同比增长 25.1%；全国"专精特新"企业贷款余额为 2.72 万亿元，同比增长 20.4%，连续 3 年保持 20% 以上的增速。但是从存量科技贷款来看，科技型中小企业本外币贷款占比仅为 1.03%，科技金融供给仍显不足③。

（三）科技资本市场

自 20 世纪 90 年代以来，中国 A 股市场已经走过了将近三十年的发展历程，随着资本市场注册制改革不断深化，我国目前已经建立起贯穿科技企业发展全过程的多层次资本市场体系④，包括主板市场、创业板市场（二板市场）、三板市场（北交所和新三板）以及四板市场（区域性股权交易市场）（见图 2-8）。

在图 2-8 中，从上往下，企业越来越多地具有高风险、高收益以及高成长性的特征，只有高成长性的新兴企业才有可能在未来带来高额回报以弥补其成长发展过程中因高度不确定性而形成的风险，而这类企业往往多为高新技术企业（赵昌文等，2009）。

---

① 中国人民银行：http：//www.pbc.gov.cn/goutongjiaoliu/113456/113469/5322085/index.html。

② https：//www.cnipa.gov.cn/art/2023/2/22/art_53_182216.html? eqid = cdd1f96300007fb10000 0006645f9aeb。

③ 中国人民银行：http：//www.pbc.gov.cn/goutongjiaoliu/113456/113469/5001673/index.html。

④ 资本市场的层次性，主要是对二级市场进行划分的，本节（一）所述的创业风险投资指的是资本一级市场，本书本节对资本二级市场的划分是根据投资对象的规模划分的。

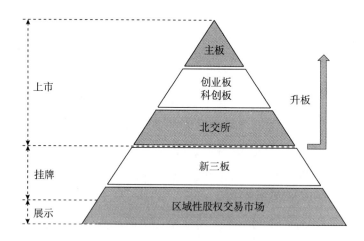

图 2-8　我国多层次资本市场体系

资料来源：笔者自行整理。

1. 主板市场

主板上市企业主要为大型蓝筹公司，2021 年 4 月 6 日，深圳证券交易所将中小板合并入主板。原中小板是为主业突出、具有成长性和科技含量的中小企业提供直接融资平台的板块。2007~2021 年主板市场高新技术企业和当年上市企业总数如图 2-9 所示。

2. 创业板和科创板市场

创业板和科创板也称为二板市场，是为具有一定规模的高科技、高成长性企业提供的融资平台。创业板 2009 年 10 月开板，主要服务成长型创新创业企业，支持传统产业与新技术、新产业、新业态、新模式深度融合。2019 年 1 月 28 日，中国证监会公布《关于在上海证券交易所设立科创板并试点注册制的实施意见》，明确将科创板定位为"主要服务于符合国家战略、突破关键核心技术、市场认可度高的科技创新企业"。截至 2023 年 6 月底，新一代信息技术产业上市企业数量占比达 41%，以电子、计算机、通信为代表的数字经济产业渗透率达到 52%（申万宏源，2023）。2009~2022 年创业板和科创板上市企业发展规模如图 2-10 所示。

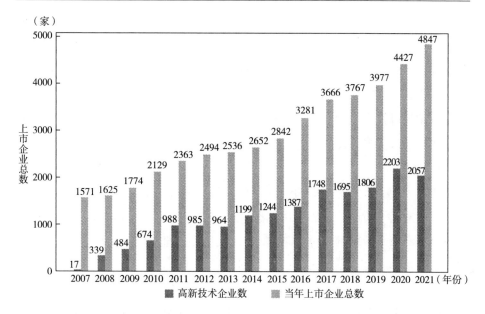

图2-9 2007~2021年主板市场高新技术企业和当年上市企业总数

资料来源：国泰安数据库整理。

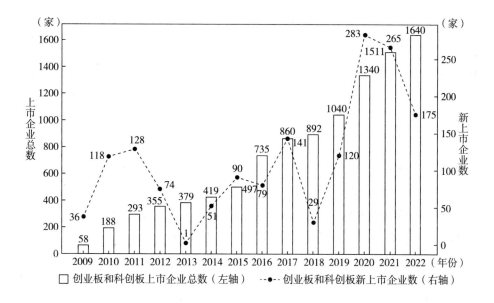

图2-10 2009~2022年创业板和科创板上市企业发展规模

资料来源：CSMAR 数据库。

图 2-10 显示，资本市场对科技创新企业的支持力度持续加大，科技创新企业的上市规模实现了迅速增长。2009 年，在科技创新板块上市的企业数量还不到 100 家，而在 2022 年上市企业数量则突破了 1600 家。从每年新上市的企业数量来看，2018 年后新上市企业数均保持在 100 家以上，表明科技资本市场为科技企业提供了大量的融资机会，为创新活动提供了资金保障，为构建多层次、多元化的科技金融资源配置体系提供了有力支撑。

3. 北京证券交易所

2021 年 9 月 3 日，北京证券交易所（以下简称"北交所"）正式成立并从该日起实施注册制，标志着由国务院核准设立的首家公司制形态的证券交易所出现。北交所的建立主旨遵循《中华人民共和国证券法》，既涵盖了将原新三板精选层企业顺利过渡，又为创新层企业开辟了通过注册制登陆北交所的新路径，旨在提供服务给国内创新型中小企业，实现资本市场的有效支持。在上海证交所科创板、北交所上市的企业中，高新技术企业占比超过 90%。

统计显示，从科技属性看，截至 2023 年 11 月 14 日北交所上市企业中高新技术企业占比 91%，国家级专精特新"小巨人"企业占比近五成；8 家公司被评选为国家级"制造业单项冠军"，15 家企业获国家科技进步奖、国家技术发明奖；平均研发强度 4.46%，是规模以上企业平均水平的 3 倍；平均每家拥有 19 项有效发明专利，是全国高新技术企业平均水平的 2.24 倍[①]。

4. 新三板

新三板全称为全国中小企业股份转让系统，主要服务于成长型中小微企业，其不属于 A 股市场的范畴，为场外市场。目前，新三板设置基础层、创新层，根据 Wind 数据库，新三板创新层共 1662 家公司；国家级专精特新"小巨人"在新三板挂牌的有 733 家，属于创新层的有 346 家。

2001 年，"股权代办转让系统"成立，即"老三板"，主要承接两网公

---

① 资料来源：华夏时报. 北交所公司总市值逼近 3000 亿元，高新技术企业占比超九成［EB/OL］. 百家号，2023 - 11 - 15. https：//baijiahao. baidu. com/s？id = 1782599989148224197&wfr = spider& for = pc.

司与沪深退市公司的股权转让业务；2005 年，国务院批准中关村科技园区非上市公司进入老三板试点；2006 年 1 月，中关村园区非上市公司进入股权代办转让系统进行股份转让，"新三板"成立；2012 年 7 月，新三板试点范围从中关村扩大到上海张江、武汉东湖和天津滨海三个国家级高新区。2013 年 12 月，新三板市场实现了全国性扩容，并于 2016 年 6 月 27 日全面推行了针对挂牌公司的分层管理政策，即执行《全国中小企业股份转让系统挂牌公司分层管理办法》。同年，新三板市场中的精选层（北交所前身）正式成立并开始交易。目前，新三板中共 1032 家处于上市辅导期，为北交所上市提供较为丰富、经营规范化水平较高的上市后备蓄水池（开源证券研究所，2023）。

虽然我国多层次资本市场已基本形成，但是北交所、新三板成立时间较短，对于科技创新企业的支持还有继续发力的空间。若从不同行业上市企业市值占比来看，不难发现美股资本市场对于科技企业的支持力度更大，美股上市企业中信息技术产业市值占比达到 33.8%，而我国信息技术产业上市企业市值占比仅为 16.5%，市值占比较高的行业集中在工业和金融领域，科技型企业融资支持力度略显不足（平安证券，2024）。

（四）科技保险

目前，国内对科技保险概念界定尚未统一。大多数学者从风险不确定性视角出发，对科技保险进行定义，科创企业普遍具有技术新、高投入、高风险等特点，需要充分运用包括保险在内的各类风险管理工具，来分散企业风险。例如，陈雨露（2007）认为，科研开发过程中会面临科技研发风险、成果转化风险、市场应用风险。此类保险不涵盖科技企业需求的所有保障范畴，而是特别针对企业在科技创新活动中可能遭遇的资金困难、进度延误、项目未成功等各类风险，提供一系列综合性保护措施的总称（吕文栋等，2008）。例如，为保障企业研发，可以对企业的重点项目进行评估，通过后，可以投保，研发一旦失败，企业可以获得全额理赔。因此，科技保险能够起到分散科技企业风险以减少科技企业或研发机构的财产损失、利润损失或科研经费损失的作用，有效提高科技企业的风险防范能力。近年来我国推广试点的科技保险产品如表 2-6 所示。

表 2-6　近年来我国推广试点的科技保险产品

时间	政策条文	科技保险产品
2008 年、2010 年	《关于开展科技保险创新试点工作的通知》	关键研发设备保险、营业中断保险、专利保险、投资损失保险、产品研发责任保险、产品质量保证保险、关键研发人员团体健康与意外保险
2015 年	《关于开展首台（套）重大技术装备保险试点工作的指导意见》	首台（套）重大技术装备保险外；重点新材料首批次应用保险
2017 年、2020 年	《重点新材料首批次应用保险示范条款》	针对保险责任条款、责任限额表述、免赔率表述等多方面进行完善
2021 年	《关于银行业保险业支持高水平科技自立自强的指导意见》	支持有条件的地区探索开办首版次软件保险；为科技企业提供知识产权执行保险、知识产权侵权责任保险、知识产权被侵权损失保险等服务

资料来源：笔者根据公开资料整理。

　　科技产业特别是高科技产业保险已在国外十分流行。我国于 2007 年正式启动科技保险试点，将北京、天津、深圳、武汉、重庆、苏州高新区五市一区定为第一批试点城市。2008 年，上海、沈阳、成都、合肥高新区、无锡及西安高新区被批准为第二批试点城市（区）。2010 年初，保监会（现为国家金融监督管理总局）和科技部联合下发《关于进一步做好科技保险有关工作的通知》，科技保险开始在全国推广。2012 年起，通过在有条件的地方推动先行先试与实践探索的方式，国家知识产权局批准了 44 个地区开展专利保险试点工作，当年全国专利保险试点地区的专利保险金额达到 3.1 亿元，项目数为 1702 项。

　　据中国保险行业协会统计，2017~2020 年，科技保险为相关企业和机构提供风险保障超 1.79 万亿元，累计支付赔款超 22.63 亿元。科技保险赔款呈逐年增多趋势，年均增长达 38.42%。但是，2016 年科技保险的保费收入 77.66 亿元，占当时全国总保费收入的 0.25%。这说明我国科技保险的发展仍然存在保险产品没有针对科技企业创新需求设计，导致供给不足，以及科技企业投保意愿较低的"供需双冷"局面（李亚青，2018）。

第三章　政策性科技金融对企业创新的影响研究

科技创新活动由于其正外部性、研发产出的不确定性以及科技成果转化的高风险性等特征，导致企业进行科技创新的积极性不足，需要政府通过财政资金支持企业进行技术研发。财政科技支出以区域为单位，主要面向高校和科研院所等创新主体；政府引导基金常以母基金的形式进入创业风险投资，所以本章主要探讨政府补贴和税收优惠政策对企业创新的影响。一是通过上市公司高新技术企业数据，使用面板数据模型检验政府补贴对创新投入、创新产出和创新经济绩效的影响，结果发现，政府补贴对科技创新技术研发阶段有显著的激励效果，但对科技成果转化阶段的激励不足；二是使用中关村国家自主创新示范区企业数据，结合 PSM-DID 模型，检验营改增税收优惠政策对服务业企业创新的积极影响。

第一节　政府补贴对企业创新的影响[①]

一、文献综述

关于政府补贴对企业创新的影响，传统观点认为，政府补贴可以弥补私

[①] 本节为崔静静老师指导的硕士论文的一部分：宋春芳. 政府补贴对企业创新的影响研究——基于上市高新技术企业数据 [D]. 内蒙古工业大学硕士学位论文，2023.

人研发投入的不足，激励企业创新活动。但也有研究发现，政府补贴也可能会由于资源错配或者补贴冗余等抑制企业创新，或者对创新活动不产生影响。

（一）政府补贴可以有效促进企业创新

现有研究认为，政府补贴是激励企业创新最重要的方式之一。政府补贴对企业创新投入、创新产出以及企业绩效存在一定程度的正向影响（章元等，程郁，2018）。

首先，政府补贴减少了企业创新活动的收益和社会收益的差距，降低了创新活动的外部性和企业的研发风险和成本，从而可以刺激企业的研发投入（Carboni，2011；Bianchini et al.，2019）。

其次，企业研发投入的增加以及政府补贴所带来的资源和信号效应（伍健等，2018）有助于创新产出水平的提升（朱平芳和徐伟民，2003；白俊红，2011；Jiang et al.，2018；Hu and Deng，2019；姬晓辉和卢小根，2017）。

再次，从成果转化的视角，一些研究发现，政府补贴有助于企业将创新成果转化为经济绩效（Jin et al.，2018）。例如，杨洋等（2015）从资源获取和信号传递的角度分析了政府补贴对创新绩效的促进作用。李永友和叶倩雯（2017）发现，政府补贴在不改变企业总体研发投入的情况下有效提升了新产品产值这一创新绩效。颜晓畅（2019）使用全国 31 个省（份）规模以上工业企业 2008~2016 年的数据，发现我国政府研发补贴通过降低创新风险、补充并刺激私人研发投资提升了新产品销售收入这一创新绩效。

最后，还有研究发现政府补贴显著提升了创新效率（Greco et al.，2017）。

（二）政府补贴对企业创新具有抑制作用

挤出效应和资源配置扭曲导致政府补贴对企业创新产生抑制作用。一方面，政府补贴的资金对企业的私人投资产生挤出替代作用（Lach，2002）。Catozzella 和 Vivarelli（2014）则表示，政府补贴资金往往被分配到回报率高、风险低、收益快的项目中，这也在一定程度上通过引导改变企业的创新计划，挤出了企业的原计划中的创新投入。国外的研究普遍认为，政府补贴会挤出私人研发投资，进而抑制企业创新（Boeing，2016；Howell，2017）。国内的一些研究也发现挤出效应的存在。例如，闫志俊和于津平（2017）基于对新兴产业和传统制造业的分析，提出政府补贴对企业创新不仅不能起到促进作用，反而存在挤出企业创新的影响。Hong 等（2016）通过对高新技术产业的实证检验，表明政府补贴由于挤出了私人投资导致对创新的负向影响。另一方面，政府对企业的补贴可能引起资源配置的扭曲（Klette et al.，2002；Jaffe，2002）。肖兴志和王伊攀（2014）的研究发现，进行社会资本投资的企业可以获得更多的政府补贴，而这种结果会引起寻租行为的产生，此时政府补贴扭曲了企业的投资，造成市场和政府的双重失效，进而扭曲了资源配置。

具体而言，第一种观点认为，政府直接补贴对不同所有制类型企业的创新活动激励具有差异性，可能会促进某种类型企业的创新活动，进而抑制某种类型企业的创新活动（江静，2011）。张杰等（2015）发现，政府创新补贴对中小企业私人研发并未表现出显著的效应。第二种观点认为，政府补贴并不是对所有行业的创新活动都有促进作用。柳光强（2016）使用上市公司2007~2012 年数据，发现财政补贴政策对新材料行业的激励作用并不显著，对生物技术、新能源行业有着一定的抑制作用。龚立新和吕晓军（2018）也发现政府补贴对战略性新兴产业上市公司创新效率提升的抑制作用。第三种观点认为，政府补贴的额度过高也会抑制企业创新（毛其淋和许家云，2015），因此政府补贴额也存在适度区间（张辉等，2016）。

（三）政府补贴对企业创新没有影响

由于政府补贴不仅可以给企业带来资源，还通过信号作用放大其影响（王刚刚等，2017），因此企业可能会存在策略性"寻补贴"的创新行为（黎文靖和郑曼妮，2016）。政府在发放补贴资金后，难以对企业利用资金过程进行全面监管，企业为了获得最大利益，会将补贴资金另作他用，进行与创新无关的生产经营活动，从而削弱了政府补贴对企业创新的影响。汪秋明等（2014）指出，政府补贴对企业创新失去激励作用主要是由于政府与企业存在信息不对称问题。Park（2015）采用韩国 2010~2012 年的面板数据，依据政府补助的 6000 个项目进行分析，发现虽然政府补助每年的变化很大，但相应年份的企业创新并未产生很大起伏。池仁勇（2003）对浙江省 230 家企业采取问卷调查的方式进行研究，也发现政府补贴对企业创新无显著作用。刘忠敏和马文婷（2017）、陈庆江（2017）分别通过我国 26 个地区 2006~2014 年医药制造业数据和全部上市公司数据进行实证研究，均表示政府补贴对企业创新效率不存在显著影响。

二、研究假设

（一）政府补贴对企业创新的积极影响

第一，直接资金补充。企业的创新投入资金主要来源于自筹资金和政府补贴，而创新需要一定的保密性，导致信息不对称现象的产生，降低了企业对外部投资者的资金获得性。同时，企业内部资金受时间、规模等影响，无法在短期内得到积累。此时，政府补贴的资金支持则尤为重要，相比于税收优惠的事后补贴，政府补贴在高新技术企业创新初期便能给予资金支持，提高了企业开展创新活动的可能性。而政府补贴的无偿性，进一步降低了企业创新成本，既可以支撑创新活动的延续，避免创新活动由于资金链断裂而中断，也可以在创新活动失败时弥补企业损失，提高企业创新积极性。

第二，坚定企业创新信心。由于信息获取差异，拥有不同信息的个体所面对的风险和收益是有差异的，正是这种信息差异，使得企业因为无法获得全部知识技术发展前沿信息而对自身研发缺乏信心，而政府恰好是信息拥有者，政府的补贴表明了对企业进行的创新项目的强力支持，更是对企业研发方向的肯定。对于企业而言，政府补贴起到了灯塔般的指引作用。同时，政府补贴为企业带来的资金降低了企业的风险，管理层的风险承受能力得到提升，进一步坚定了企业创新研发的信心。

第三，监督作用。政府拥有一定的信息优势，在向企业提供资金补贴时会根据企业实际情况进行筛选，如果企业在下一补助周期到来时未能正确利用本期的政府补贴，则政府很可能会降低对该企业的资金补助。企业为了继续获得无偿的政府补助资金，在一定程度上会提高政府补助的利用效率，如期开展创新活动，此时政府间接地监督了企业对创新补助资金的使用。

第四，传递信号，吸引投资。创新是企业的核心竞争力，为了获得最大的收益，企业通常不会向外界披露过多的创新内容，由此引发信息不对称问题。社会投资者因无法准确评估企业价值，会减少对企业的投资。此时，政府补贴的参与可以向外界传达出积极的信号，既肯定了企业的创新方向，也表达了政府对企业创新活动的支持，增强了社会投资者对企业的信心，拓宽了企业融资渠道。

（二）政府补贴对企业创新的消极影响

政府补贴也可能由于以下因素，难以达到促进企业创新的目的。

第一，制定政府补贴政策存在一定门槛，可能导致一些对政府补贴有较强需要的企业无法获得足够的补贴资金，削弱政府补贴对企业创新行为的激励。

第二，信息不对称导致的道德风险。即使政府与企业之间的信息不对称程度较低，也依然存在政府监管盲区，企业为了获得政府扶持，可能会针对政策规定的相关指标进行虚假上报、隐瞒真实情况等操作，既会导致政府补贴名额和资源的浪费，也将导致政府补贴达不到最初的政策目标。

第三，产生寻租行为。企业为了获得政府的补贴，会花费大量的精力和物力寻求政府的支持，而不是将补贴资金用于创新研发。

第四，挤出企业投资。基于企业寻求发展的自身需求，企业会做出相应的创新投入预算以及分拨资金进行创新项目。此时政府补贴进入，企业并不会在短期内更改创新计划，而是直接用政府补贴的资金替代企业原计划内部支出的研发资金。

综上所述，政府补贴对企业创新的激励作用取决于积极影响和消极影响两方面的综合效果，因此提出以下假设。

假设 3.1：政府补贴会促进企业创新。

假设 3.2：政府补贴会抑制企业创新。

假设 3.3：政府补贴对企业创新没有影响。

三、数据选择与变量定义

（一）数据选择

本节以在我国上市的高新技术企业为研究样本，采用其 2010~2019 年的相关数据进行分析。上述数据主要来源于国泰安数据库披露的上市公司年度财务报表和财务报表附注，部分高新技术企业资质认定信息通过手工整理企业资质认定信息文件获得。为了降低异常值的影响，根据以下条件剔除不符合要求的公司，并对连续型数据使用 Winsorize 方法进行 1% 水平的缩尾处理，增强样本的显著性，最终得到7312个样本点的非平衡面板数据。第一，剔除金融保险行业的企业。第二，剔除濒临退市的ST、＊ST类企业。第三，剔除年报中缺失数据的企业。

（二）变量选择

被解释变量为企业创新，根据企业创新过程，分别选择创新投入、创新产出和创新绩效作为衡量企业创新的指标（见表3-1）。创新投入（lnrd）主要反映企业在研发活动中的经费花销，以研发投入金额衡量；Freeman和Soete（1997）指出，专利作为新技术、新工艺流程和新产品的集中体现，是发明水平最合适的唯一的可观测到的指标，考虑到专利的审核周期，选择专利申请量为衡量企业创新产出（lnpatent1）的指标；营业收入涵盖了技术通过产业化和商业化创造企业的经济收益，以衡量企业创新绩效（lnpieces）。

解释变量为政府补贴（lnsub），政府补贴用样本企业当年获得的政府补贴金额来衡量。

表3-1　变量定义

变量类别	变量	变量名称	含义
被解释变量	lnrd	创新投入	ln（1+研发投入金额）
	lnpatent1	创新产出	ln（1+专利申请量）
	lnpieces	创新绩效	ln（1+营业收入）
解释变量	lnsub	政府补贴	ln（1+当年获得政府补贴金额）
控制变量	lnasset	资产规模	ln（1+资产总额）
	lnempnum	人力规模	ln（1+员工人数）
	lev	资产负债率	总负债/总资产
	conshare	股权集中度	第一大股东持股数/总股数
	lnfix	固定资产	ln（1+固定资产）
	lnage	企业年龄	ln（1+企业年龄）
	year	年份	当年年份
	ind	行业	所属行业

本节涉及的 6 个主要控制变量分别为资产规模、人力规模、资产负债率、股权集中度、固定资产、企业年龄。①选取企业资产总额衡量企业的资产规模，并取对数处理，记为 lnasset。②以企业年末员工人数衡量企业的人力规模，取对数处理，记为 lnempnum。资产规模和人力规模代表了企业的总体规模情况，一般而言，企业规模越大，实力越强，风险承担能力越强，企业为了在市场中夺取份额，更愿意在创新研发方面进行努力。③资产负债率记为 lev，企业负债率影响企业的还款能力，负债率的提升会降低企业对外部的信用度，引发融资困难等情况，限制企业进行创新活动。④以第一大股东持股比例度量企业的股权集中度，记为 conshare，股权集中度影响第一大股东的决策力度，高的股权集中度有利于股东迅速做出决策，但可能因为个人偏好影响企业的研发投入。⑤固定资产取对数，记为 lnfix，固定资产往往代表着企业的技术成果转化能力，对创新决策和投入具有重大影响。⑥企业年龄取对数记为 lnage，不同年龄阶段的企业发展规划往往不同，企业长期积累的组织文化、融资渠道、技术知识都会影响企业的创新决策以及创新产出成果。

四、模型构建与描述性统计分析

（一）模型构建

为了验证政府补贴对高新技术企业创新活动的影响，构建最小二乘法（Ordinary Least Squares, OLS）面板数据模型如下：

$$I = \alpha_0 + \alpha_1 \text{lnsub}_{it} + \sum_i \delta_{it} \text{Control}_{it} + \mu_t + \varepsilon_{it} \qquad (3-1)$$

在模型（3-1）中，lnsub_{it} 为企业当年获得政府补贴金额的对数值，I 分别代表衡量企业创新投入、创新产出和创新绩效的三个变量 lnrd_{it}、lnpatent1_{it}、lnpieces_{it}，若 α_1 显著为正，则说明政府补贴对高新技术企业创新活动的该阶段有促进作用。Control_{it} 则为本节选取的控制变量，主要包括资产规模（lnasset）、人力规模（lnempnum）、资产负债率（lev）、股权集中度（conshare）、固定资产（lnfix）、企业年龄（lnage）。μ_t 为时间不可观测效应，ε_{it} 为随机扰动项，i 表示第 i 家企业，t 表示年份。

（二）描述性统计分析

从表 3-2 中可以看出，经过处理的企业样本点共 7312 个，其中 7224 个样本点获得了政府补贴，88 个样本点未获得政府补贴，说明政府对高新技术企业的扶持力度之大。但从政府补贴的标准差为 2.197 来看，上市的高新技术企业获得的政府补贴额度还是存在很大差距的，说明政府补贴是具有倾向性的。此外，各个样本企业的创新情况也各有不同，创新投入的最小值是 10.47，最大值是 25.02，但均值达到 17.96，一定程度上表明上市的高新技术企业的创新投入总体是较高的。衡量创新产出的专利申请量最小值为 0，最大值为 11.05，表明样本企业的创新能力存在差距。代表创新经济绩效方面的主营业务收入最小值为 17.62，最大值为 27.48，均值为 21.12，整体营业收入较高。总资产均值达到 21.8，资产负债率均值为 0.366，说明整体负债水平不高，财务风险相对较小。股权集中度最小值为 8.448，最大值为 69.99，说明有的企业股权集中度很高，存在一定的决策风险。固定资产和员工人数也均存在较大差距，受高新技术企业认定和发展年限限制，样本企业年龄的差距较小，标准差为 0.356。

表 3-2　描述性统计

变量	观测值个数	均值	标准差	最小值	中位数	最大值
lnsub	7312	15.93	2.197	0	16.09	19.88
lnrd	7312	17.96	1.141	10.47	17.86	25.02
lnpatent1	7312	2.903	1.520	0	2.773	11.05
lnpieces	7312	21.12	1.215	17.62	21.00	27.48
lendx	7312	0.995	0.0690	0	1	1
vc	5431	0.350	0.477	0	0	1
lnasset	7312	21.80	1.031	19.24	21.66	27.31
lnempnum	7312	7.542	1.066	0	7.456	12.57
lev	7312	0.366	0.183	0.0470	0.352	0.804
conshare	7312	33.25	13.67	8.448	31.61	69.99
lnfix	7312	19.97	1.316	14.38	19.92	25.58
lnage	7312	2.719	0.356	1.099	2.773	3.951

五、回归分析

(一)回归结果

从表 3-3 的回归结果可以看出,政府补贴对高新技术企业创新投入、创新产出具有正向作用,分别在 1% 和 5% 的水平下显著,说明对于高新技术企业来说,政府补贴能够有效提升企业创新投入、创新产出,但对企业的经济绩效并未产生显著性影响。从回归系数可以发现,政府补贴每增加 1%,会使高新技术企业的创新投入和创新产出分别增加 0.023%,原因是企业进行创新需要大量的研发资金投入,后续资金不足会导致更高的失败风险,此时政府的介入不仅可以为企业进行技术创新提供充足的资金支持,还可以充分发挥其资源属性和信号传递作用,吸引更多社会投资者进行投资,从而拓宽企业外部融资通道,推动企业进一步提升创新投入。创新投入的增加会进一步提高企业创新产出,但创新产出转化为商业成果的过程存在不确定性,导致成果转化率低下,从实证结果上显示为对企业的经济绩效没有显著影响。此外,由于高新技术企业作为创新主体的中坚力量,原本的创新投入、创新产出的基数较高,导致政府补贴对其影响的效果不够突出,表现为影响系数较低。综上所述,实证结果验证了假设 3.1 的部分猜想,即政府补贴在高新技术企业的创新投入、创新产出方面具有显著的激励作用,对创新绩效阶段尚未产生显著影响。

表 3-3 回归结果

模型	(1)	(2)	(3)
变量	lnrd	lnpatent1	lnpieces
lnsub	0.023*** (3.952)	0.023** (2.529)	0.001 (0.208)
lnasset	0.810*** (40.632)	0.400*** (11.321)	0.752*** (50.139)
lev	−0.335*** (−6.733)	−0.103 (−0.993)	0.447*** (10.545)

续表

模型	(1)	(2)	(3)
变量	lnrd	lnpatent1	lnpieces
conshare	−0.001 ** (−2.267)	0.001 (0.486)	0.003 *** (7.274)
lnfix	−0.137 *** (−11.888)	−0.184 *** (−8.073)	0.008 (0.876)
lnempnum	0.313 *** (16.402)	0.345 *** (12.263)	0.318 *** (19.173)
lnage	−0.059 ** (−2.448)	−0.075 (−1.626)	0.114 *** (6.830)
year	YES	YES	YES
ind	YES	YES	YES
Constant	0.662 ** (2.320)	−5.487 *** (−10.438)	1.682 *** (7.602)
Observations	7312	7312	7312
R^2	0.710	0.237	0.855

注：*、** 和 *** 分别代表10%、5%和1%的显著性水平；括号中是经过聚类稳健标准误调整的 t 值。余表同。

(二) 稳健性检验

为了进一步验证政府补贴与高新技术企业创新的关系，采用两种方法对主回归结果进行稳健性检验。第一，采用更换被解释变量衡量指标的方法。将创新投入衡量指标更换为企业研发投入强度（研发投入金额/营业收入，表示为 rdst），进一步消除企业经营规模的影响，同时将创新产出指标更换为发明专利申请数量（表示为 lninvent），发明专利更能体现企业的实质性创新产出，更接近企业的真实创新能力。由表3-4第（1）列、第（2）列、第（3）列的回归结果可以发现，得到的结论与表3-3的结果相似，政府补贴有效提升了高新技术企业的创新投入和创新产出，且创新投入的系数为0.177，是因为在降低企业经营规模的影响后，更能体现出政府补贴对高新技术企业创新投入的激励作用，同时创新产出更是在1%的显著性水平上体现出政府补贴的促进作用，进一步证明了政府补贴对高新技术企业创新产出的影响是实质性的。第二，采用工具变量法解决部分内生性问题，将政府补贴滞后一阶作为工具变量（表示为 lnsub_1_lag），替代模型中的原始解释变量，结果如表3-4的第（4）列、第（5）列、第（6）列所示，依然证实了前文结论，提高了前文验证结果的可信度。

表3-4 稳健性检验—更换被解释变量指标

模型	（1）	（2）	（3）	（4）	（5）	（6）
变量	rdst	lninvent	lnpieces	lnrd	lnpatent1	lnpieces
lnsub	0.177***	0.040***	0.001			
	(4.964)	(3.866)	(0.208)			
lnsub_1_lag				0.018***	0.018*	−0.000
				(3.062)	(1.795)	(−0.121)
lnasset	0.795***	0.435***	0.752***	0.803***	0.394***	0.740***
	(6.907)	(13.284)	(50.139)	(34.450)	(9.348)	(41.178)
lev	−4.913***	−0.419***	0.447***	−0.352***	−0.034	0.380***
	(−14.194)	(−4.394)	(10.545)	(−6.463)	(−0.286)	(7.883)
conshare	−0.032***	−0.002*	0.003***	−0.001	0.001	0.003***
	(−8.214)	(−1.733)	(7.274)	(−1.081)	(0.416)	(6.423)
lnfix	−1.044***	−0.121***	0.008	−0.136***	−0.195***	0.013
	(−12.323)	(−5.552)	(0.876)	(−10.030)	(−7.020)	(1.273)
lnempnum	−0.088	0.192***	0.318***	0.332***	0.365***	0.336***
	(−0.948)	(7.464)	(19.173)	(14.697)	(10.351)	(17.260)
lnage	−1.143***	0.035	0.114***	−0.032	−0.024	0.127***
	(−6.507)	(0.808)	(6.830)	(−1.103)	(−0.431)	(6.210)
year	YES	YES	YES	YES	YES	YES
ind	YES	YES	YES	YES	YES	YES
Constant	14.019***	−7.252***	1.682***	0.737**	−5.206***	1.673***
	(10.425)	(−14.733)	(7.602)	(2.181)	(−8.165)	(6.217)
Observations	7173	7312	7312	5528	5528	5528
R^2	0.184	0.193	0.855	0.718	0.246	0.851

（三）异质性分析

前文的检验是对总体样本的分析，企业的特有属性会对企业决策行为能力等产生不可复制的影响，因此为了更好地发现政府补贴对高新技术企业创新的影响，展开异质性分析。

首先，对不同性质企业的分类标准进行说明如下：①所有制。将样本根据企业所有制分为国有企业和非国有企业，国有企业指国营或国有控股企业，非国有企业则包括私营企业和中外合资企业。②地区。根据已有研究（张晏和龚六堂，2005），将样本分为三类：东部地区企业分布在北京、天津、河北、辽宁、上海、江苏、浙江、福建、山东、广东、海南 11 个省份；中部地区企业分布在山西、吉林、黑龙江、安徽、江西、河南、湖北、湖南 8 个省份；西部地区企业则分布在四川、重庆、贵州、云南、西藏、陕西、甘肃、青海、宁夏、新疆、广西、内蒙古 12 个省份。③企业规模。严格意义上我国企业规模要根据企业行业、营业收入和从业人员三个维度的指标进行区分，由于本节样本企业多数为制造业企业，在《国民经济行业分类》（GB/T 4754—2017）中制造业属于工业行业组合之一，为了方便分组处理，将样本依据从业人员划分工业企业规模的标准（1000 人以上属于大型企业），将企业分为大规模企业和中小规模企业两种。④人力资源。将所有样本依据研发人员数量占比大于等于 10%的标准，划分为人力资源强和人力资源弱。通过对政府补贴影响高新技术企业创新的效果进行对比分析，得出以下结果：

第一，在社会主义市场经济体制背景下，国有企业和非国有企业的背景、运营、发展目标均存在很大差异，因此将总样本中的高新技术企业按所有制分为国有企业和非国有企业两组，分别检验政府补贴对高新技术企业创新的影响。表 3-5 的结果表明，政府补贴对国有高新技术企业创新不能发挥显著的激励效果，但在非国有高新技术企业中，对创新投入和创新产出的正向作用分别在 1%和 5%的水平上显著。

表 3-5　异质性检验企业—所有制

变量	(1)	(2)	(3)	(4)	(5)	(6)
	国有企业			非国有企业		
	lnrd	lnpatent1	lnpieces	lnrd	lnpatent1	lnpieces
lnsub	0.012 (0.861)	0.024 (1.199)	0.006 (0.915)	0.025*** (4.516)	0.023** (2.307)	−0.003 (−0.784)

续表

变量	(1)	(2)	(3)	(4)	(5)	(6)
	国有企业			非国有企业		
	lnrd	lnpatent1	lnpieces	lnrd	lnpatent1	lnpieces
lnasset	0.924***	0.708***	0.865***	0.763***	0.287***	0.711***
	(22.583)	(10.692)	(27.315)	(33.253)	(6.743)	(43.274)
lev	−0.339***	−0.293	0.251***	−0.351***	0.008	0.493***
	(−2.946)	(−1.348)	(3.188)	(−6.428)	(0.067)	(9.794)
conshare	−0.003**	−0.006**	0.004***	−0.002**	0.002*	0.003***
	(−2.300)	(−2.279)	(4.600)	(−2.453)	(1.672)	(5.349)
lnfix	−0.188***	−0.330***	−0.042**	−0.121***	−0.137***	0.020**
	(−6.938)	(−6.295)	(−2.226)	(−9.828)	(−5.433)	(2.155)
lnempnum	0.272***	0.275***	0.250***	0.324***	0.364***	0.341***
	(6.137)	(6.236)	(6.582)	(16.611)	(10.492)	(20.953)
lnage	−0.347***	−0.112	0.182***	−0.023	−0.055	0.101***
	(−4.975)	(−0.954)	(3.849)	(−0.854)	(−1.060)	(5.539)
year	YES	YES	YES	YES	YES	YES
ind	YES	YES	YES	YES	YES	YES
Constant	0.613	−8.115***	0.588	1.178***	−4.231***	2.224***
	(1.091)	(−9.254)	(1.296)	(3.491)	(−6.369)	(9.285)
Observations	1693	1693	1693	5619	5619	5619
R^2	0.730	0.286	0.879	0.672	0.221	0.820

注：括号中为稳健 t 统计量，＊、＊＊和＊＊＊分别代表10%、5%和1%的显著性水平。

　　第二，基于我国幅员辽阔且区域经济发展不平衡的背景，对样本总体依据分布地区进行分类检验，表3-6 的结果表明，当政府补贴作用于分布在我国东部、中部、西部地区的高新技术企业时，对企业创新的影响效果是不同的。在东部市场环境良好、经营理念先进的背景下，政府补贴对企业的创新投入和创新产出都具有一定的促进作用，但与经济发展情况相对薄弱的中部地区相比，东部地区的检验结果显著性更低，中部地区企业创新对政府补贴更敏感。与此同时，西部地区的经济环境、市场氛围尚待完善，技术积累程度不足以及人力资源的匮乏，导致政府补贴虽然提高了高新技术企业的创新投入，但并未显著提升企业的创新产出。值得关注的是，西部地区在得到政府补贴后，在创新产出环节薄弱的背景下，经济绩效反而得到了显著增长。

表3-6　异质性检验—地区分布

变量	(1)	(2)	(3)	(4)	(5)	(6)	(7)	(8)	(9)
	东部地区			中部地区			西部地区		
	lnrd	lnpatent1	lnpieces	lnrd	lnpatent1	lnpieces	lnrd	lnpatent1	lnpieces
lnsub	0.017**	0.019*	-0.001	0.053***	0.044**	0.000	0.040**	0.033	0.029***
	(2.523)	(1.683)	(-0.222)	(4.214)	(2.384)	(0.040)	(2.110)	(1.191)	(3.357)
lnasset	0.824***	0.345***	0.758***	0.756***	0.739***	0.660***	0.745***	0.410***	0.814***
	(37.684)	(8.251)	(47.970)	(16.432)	(9.491)	(14.571)	(8.927)	(3.096)	(16.302)
lev	-0.304***	-0.158	0.488***	-0.348***	0.098	0.245**	-0.467*	0.354	0.521***
	(-5.602)	(-1.327)	(10.170)	(-2.622)	(0.385)	(2.188)	(-1.880)	(0.904)	(3.471)
conshare	-0.001**	-0.001	0.002***	0.001	0.005*	0.005***	-0.008***	0.009*	0.004**
	(-2.184)	(-0.687)	(5.294)	(0.993)	(1.770)	(4.264)	(-2.985)	(1.906)	(2.195)
lnfix	-0.142***	-0.145***	-0.001	-0.074**	-0.440***	0.138***	-0.176***	-0.210**	-0.071**
	(-11.515)	(-5.786)	(-0.160)	(-2.128)	(-6.773)	(4.667)	(-3.265)	(-2.207)	(-2.110)
lnempnum	0.318***	0.375***	0.320***	0.249***	0.245***	0.294***	0.398***	0.161*	0.298***
	(16.836)	(10.904)	(20.652)	(4.704)	(4.809)	(4.870)	(5.897)	(1.831)	(6.360)
lnage	-0.075***	-0.069	0.117***	0.076	0.046	0.120**	0.079	-0.090	0.229***
	(-2.909)	(-1.343)	(6.503)	(1.243)	(0.389)	(2.130)	(0.452)	(-0.413)	(3.022)
year	YES	YES	YES	YES	YES	YES	YES	YES	YES
ind	YES	YES	YES	YES	YES	YES	YES	YES	YES
Constant	0.591**	-5.111***	1.726***	0.340	-7.774***	1.393*	1.231	-4.407***	0.969
	(1.975)	(-7.986)	(7.713)	(0.466)	(-7.330)	(1.890)	(1.021)	(-3.063)	(1.482)
Observations	5642	5642	5642	1234	1234	1234	436	436	436
R²	0.727	0.239	0.859	0.716	0.275	0.848	0.614	0.233	0.872

注：括号中为稳健t统计量，*、**和***分别代表10%、5%和1%的显著性水平。

第三，企业规模影响企业的经济实力和创新实力，表3-7的结果显示，政府补贴对大规模企业创新投入在1%的显著水平上具有促进效果，对其创新产出也有显著提高作用。对中小规模企业而言，政府补贴只在创新初期激励了高新技术企业的创新投入，缺乏技术积累和设备资源等的支撑，导致政府补贴并未提高其创新产出。与全样本结论相同的是，无论规模大小的高新技术企业，政府补贴都未能有效提高企业的创新绩效。

表 3-7　异质性检验—企业规模

变量	(1)	(2)	(3)	(4)	(5)	(6)
	大规模企业			中小规模企业		
	lnrd	lnpatent1	lnpieces	lnrd	lnpatent1	lnpieces
lnsub	0.017*** (2.631)	0.027** (2.466)	0.001 (0.350)	0.043*** (4.382)	0.019 (1.360)	0.001 (0.172)
lnasset	0.825*** (37.503)	0.433*** (10.005)	0.745*** (52.761)	0.682*** (20.854)	0.212*** (3.550)	0.746*** (26.656)
lev	-0.376*** (-6.317)	-0.130 (-1.024)	0.349*** (7.483)	-0.158* (-1.753)	0.068 (0.385)	0.708*** (7.540)
conshare	-0.001 (-1.408)	-0.002 (-1.163)	0.003*** (7.215)	-0.003*** (-3.341)	0.004** (2.076)	0.001* (1.717)
lnfix	-0.157*** (-10.151)	-0.220*** (-7.120)	-0.018* (-1.799)	-0.108*** (-6.765)	-0.140*** (-4.301)	0.054*** (3.907)
lnempnum	0.361*** (18.785)	0.430*** (11.272)	0.373*** (28.076)	0.134*** (2.640)	0.203*** (2.633)	0.161*** (3.707)
lnage	-0.102*** (-3.567)	-0.042 (-0.758)	0.114*** (6.227)	0.033 (0.781)	-0.199** (-2.471)	0.116*** (3.223)
year	YES	YES	YES	YES	YES	YES
ind	YES	YES	YES	YES	YES	YES
Constant	0.453 (1.578)	-6.228*** (-10.596)	1.903*** (9.868)	3.553*** (6.551)	-1.300 (-1.225)	1.908*** (3.824)
Observations	5249	5249	5249	2063	2063	2063
R^2	0.669	0.233	0.841	0.371	0.129	0.549

注：括号中为稳健 t 统计量，*、** 和 *** 分别代表 10%、5% 和 1% 的显著性水平。

第四，政府补贴在人力资源强的高新技术企业中对企业创新的影响更显著，政府补贴提高 1% 可以在 1% 的显著性水平上使其创新投入提升 0.022%，创新产出提高 0.027%（见表 3-8）。而在人力资源薄弱的高新技术企业中，政府补贴在企业创新的三个阶段都未产生显著的影响，即人力资源的匮乏严重限制了政府补贴发挥激励企业创新的作用。

表 3-8　异质性检验—人力资源

变量	(1)	(2)	(3)	(4)	(5)	(6)
	人力资源强			人力资源弱		
	lnrd	lnpatent1	lnpieces	lnrd	lnpatent1	lnpieces
lnsub	0.022 ***	0.027 ***	−0.000	0.015	−0.015	0.006
	(3.652)	(2.903)	(−0.147)	(0.880)	(−0.388)	(0.633)
lnasset	0.810 ***	0.410 ***	0.757 ***	0.649 ***	0.176	0.727 ***
	(37.167)	(10.988)	(46.534)	(14.325)	(1.553)	(21.537)
lev	−0.343 ***	−0.146	0.503 ***	−0.220 *	0.219	0.051
	(−6.574)	(−1.344)	(11.115)	(−1.656)	(0.632)	(0.431)
conshare	−0.001 *	0.001	0.003 ***	−0.002	−0.003	0.004 ***
	(−1.745)	(1.057)	(6.467)	(−1.378)	(−0.840)	(2.791)
lnfix	−0.135 ***	−0.179 ***	0.012	−0.059	−0.142 *	−0.025
	(−11.759)	(−7.541)	(1.351)	(−1.518)	(−1.659)	(−0.978)
lnempnum	0.338 ***	0.367 ***	0.307 ***	0.415 ***	0.477 ***	0.386 ***
	(15.207)	(11.759)	(16.758)	(11.508)	(6.312)	(13.938)
lnage	−0.051 **	−0.099 **	0.116 ***	−0.125 *	0.160	0.079
	(−2.027)	(−2.089)	(6.675)	(−1.891)	(0.904)	(1.418)
year	YES	YES	YES	YES	YES	YES
ind	YES	YES	YES	YES	YES	YES
Constant	0.451	−5.961 ***	1.566 ***	1.420 **	−2.746 *	2.523 ***
	(1.446)	(−10.740)	(6.576)	(2.190)	(−1.735)	(5.058)
Observations	6481	6481	6481	831	831	831
R^2	0.723	0.256	0.852	0.733	0.177	0.850

注：括号中为稳健 t 统计量，＊、＊＊ 和 ＊＊＊ 分别代表 10%、5% 和 1% 的显著性水平。

本节以 2010~2019 年的上市高新技术企业为研究样本，考察了政府补贴对企业创新的影响，经过回归模型的检验，得到以下结论：第一，政府补贴有效提高了高新技术企业的创新投入和创新产出，但对创新经济绩效阶段没有显著影响，并通过将创新投入和创新产出衡量指标分别更换为研发投入强度和发明专利申请量，以及增加控制变量的方法进行稳健性检验，进一步证明了结果的可靠性。第二，按样本企业不同性质进行分组对比分析政府补贴对不同企业创新的影响：相比于国有企业，政府补贴对非国有企业创新投入和创新产出激励效应更显著；在不同地区分布中，政府补贴对中部地区的创新投入、创新产出正向影响最强，对西部地区的企业创新投入和创新绩效具有促进作用；政府补贴对不同规模企业的创新投入均有激励效果，但只对大规模企业的创新产出有正向作用；相比于人力资源弱的企业，政府补贴对人力资源强的企业才具有促进创新投入、产出的效应。

六、本节结论与建议

（一）研究结论

第一，政府补贴通过资金直接补给、增强企业创新研发信心、传递信号吸引投资等途径，提高了企业的创新投入，为了持续获得政府补贴，企业会努力开展创新活动，获得创新产出，但是对创新经济绩效的影响不明显。

第二，政府补贴对不同企业的创新影响具有较大差距。一是政府补贴对国有企业的创新全过程均未产生显著影响，但显著提高了非国有企业创新投入和创新产出。二是政府补贴激励了企业的创新投入，虽然西部地区无法发挥政府补贴在创新产出阶段的激励作用，但对创新绩效有正向影响。三是政府补贴在中小规模企业的创新投入方面具有更显著、更强的促进作用。四是在强人力资源企业中，政府补贴对创新投入、创新产出发挥的激励作用更显著。

（二）政策建议

第一，加大对企业的政府补贴力度，在政府资金允许的情况下，提高对企业创新激励的资金额度。创新的高风险性和高投入性导致企业在开展创新活动时极易遇到融资约束，政府补贴的直接资金供给是对企业的一剂强心针，发挥补给作用。

第二，注重创新产出效率，大量的资金投入倘若不能带来实质性的创新产出，会造成对资源的浪费，也会打击企业的创新积极性。政府作为调控机构，在供给资金的同时，要加强对资金使用途径和利用效率的监督，时刻关注企业创新进度；促进产学研合作，让研究机构、高校的研发融入企业创新活动中，既要从知识技术方面进行友好交流，也可以从人才输送方面进行鼓励；进一步完善创新成果保护机制，使企业的创新产出保持一定时期的专有性，激励企业创新行为。

第三，构建完善信息交流平台，充分释放政府对企业创新行为给予鼓励的信号。政府补贴作为行政手段，直接的资金供给有限，最重要的是通过信号传递机制带动社会融资进入企业，调动市场的积极性。良好的信息交流不仅可以增强社会投资者对企业的了解，降低信息不对称性，也有利于企业对行业发展前景、创新动向的把握。

第四，提高与社会融资的协同作用，引导社会融资的积极参与，要从进入企业时机、方式等方面与社会融资形成互补。

第五，制定"因地制宜"的补贴方案。由于企业资本性质属性不同，政府补贴要进行适当的筛选，追求效用最大化，如可以选择非国有企业、中部地区的企业、人力资源强的企业等进行重点补助，充分发挥政府补贴资金的价值。

第二节　税收优惠对服务业企业创新的影响[①]

税收优惠通过直接减征、免征、增加计税抵扣额、抵免部分税额等形式对特定纳税对象、纳税人或纳税地区给予应纳税额上的减免，具有减轻企业负担的特点。国内学者通常从营业税改增值税（以下简称"营改增"）、所得税分享改革、企业税负等角度研究税收优惠通过缓解企业融资约束，促进企业创新的效果（甘行琼和余倩，2023）。减税优惠政策包括一般性政策（如税制改革）和针对性政策（如高新技术企业税收减免、研发费用加计扣除等）（彭亮和刘国城，2022）。与针对性政策具有一定的政策门槛，符合条件的企业才可享受税收优惠不同，税制改革具有普惠性质，符合外生事件冲击，适合使用因果推断法进行政策效果分析。因此，本节使用我国 2012 年实行的营业税改增值税的准自然实验，分析税收优惠对企业创新的影响。

---

① 本节内容在中国宏观经济学术研讨会（2020）、第二十届全国科技评价学术研讨会上进行宣读交流，执笔人：崔静静、宋春芳。

一、研究背景

1994 年，我国分税制改革确立了营业税与增值税并行的双轨税制，即在服务业实施营业税，在制造业实施增值税的税制。在这种税制安排下，商品流通中的每一次流转都需要缴纳营业税，流转次数越多，重复纳税就越多，增加了产业间的贸易成本。增值税仅针对货物和劳务增值部分进行征税，通过抵扣消除长期存在的重复征税问题。1994～2003 年，我国的增值税属于生产型增值税，不允许扣除固定资产价值中所含税款，导致公司在生产和交易商品时存在双重征税，降低了公司投资积极性，使部分公司选择继续使用过时的技术和陈旧的设备进行生产和研发，不利于企业创新。因此，自 2004 年开始，我国在东北地区选定六个行业（农产品加工、设备制造、石油化工、冶金、造船和汽车制造）实施了基于生产的增值税转换为基于消费的增值税改革，取消了对投资品的双重征税。2012 年，增值税改革在服务业开启，采取的是先选择一部分生产性服务业进行试点扩围（交通运输等应税服务纳入抵扣），然后再全面实施消费型增值税（厂房等房屋建筑物纳入抵扣）（彭飞等，2022）。

2012 年 1 月 1 日，"营改增"政策首次在上海试点实施，试点行业范围为交通运输业和部分现代服务业（研发和技术业、信息技术业、文化创意业、物流辅助业、有形动产租赁业和鉴证咨询服务业）。同年，"营改增"政策试点行业推广至北京、天津、江苏、安徽、浙江、福建、广东、湖北 8 个省（直辖市）和宁波、厦门、深圳 3 个计划单列市。2013 年 8 月，试点行业在全国所有省份实施，标志着"营改增"分地区试点的完成。2014 年，铁路运输业、电信业和邮政业在全国范围内纳入试点。2016 年 5 月，建筑业、房地产、金融业和生活性服务业纳入试点，标志着我国全面实施"营改增"。根据国家税务总局数据，2012～2017 年，"营改增"减税金额已达 2 万亿元。随后，增值税改革重点由税制合并转向降低税率阶段。

二、文献综述

增值税是一种间接税，可以嵌入各种商品和要素投入中，成为企业原材料与中间产品投入、机器设备采购、最终产品销售等诸多流转环节的价格构成要素。增值税采用的是"销项–进项"的核算方式，与企业所得税相比，较低的增值税对研发创新的激励效果更加显著（林志帆和刘诗源，2017）。根据"营改增"政策，纳税人主要通过以下两种途径享受减税优惠：一种是增值税可抵扣进项税额增加，允许服务业外购材料、设备、服务承担的进项增值税在服务销项增值税中抵扣，避免服务业企业与上游企业之间的重复征税，"营改增"还将抵扣范围扩大到专利技术、非专利技术等无形资产，对企业提供技术转让、开发、咨询等服务免征增值税，从而减轻"营改增"企业的税收负担；另一种是税率的降低，主要是降低税基。因此，"营改增"政策通过减少企业税收负担，增加留存收益和自由现金流，缓解融资约束对企业创新的抑制作用，对企业创新产生积极影响。研究发现，"营改增"实施后，金融业、服务业（交通运输业）、建筑业的税负均得到了有效降低（宋丽颖等，2017；高玉强等，2021），实现了结构性减税（吴金光等，2014）。由此，"营改增"政策通过预期调整，可以在短期内提高企业研发投入强度（栾强和罗守贵，2018），并通过对研发投入的激励作用，提高创新产出（邹洋等，2019）。解洪涛等（2018）对湖北省的调查发现，实施"营改增"以后，研发技术服务业总体税负下降，随着税收成本的降低，企业有灵活资金可以投入创新活动中，用于增加科技活动固定资产投资以及招募科技活动人员，补充互补性资产，增强企业创新意愿，提升研发转化产出能力，进而增强企业创新能力。

但也有研究发现，"营改增"政策实施后，由于政策实施初期具有不确定性，部分行业在"营改增"实施初期出现了税负"不减反增"的现象（王玉兰和李雅坤，2014），导致多数企业持观望态度从而抑制了企业短期内的创新投入，由此对企业创新带来消极影响（邵悦心等，2019）。同时，更多的制造业企业采用服务与技术外包的形式得到非主营业务的信息技术及软件研发等服务性产品，降低了制造业企业的创新意愿（王桂军和曹平，2018）。

以上有关"营改增"政策对企业创新影响的研究中，第一种情况目前使用的多是上市公司数据（王华等，2020），但上市公司面临的融资约束较小，且具备一定的规模效应和较强的创新资源，所以无法确切反映政策对所有企业的影响效果；第二种情况是使用双重差分法（DID）排除控制变量对回归结果产生的干扰，但该方法的使用前提是实验组和对照组必须具有趋势一致性，个别研究使用制造业作为服务业企业的对照组（栾强和罗守贵，2018），两类企业受行业性质影响，企业创新存在差异（刘丹鹭和魏守华，2013），创新实质上不一定具备一致性；第三种情况是目前对企业创新指标的选择大多局限于创新过程的技术研发阶段的影响，表现为"营改增"政策对研发投入、创新产出（张璇等，2019）以及创新效率（盛明泉等，2020；王瑶等，2021）的研究，较少考虑到"营改增"政策对新产品开发、新技术的推广和商业转化的影响。此外，研发投入和专利等常被用于测度制造业创新的指标，不完全适用于衡量服务业创新（Djellal and Gallouj，1999）。"营改增"政策通过影响企业预期利润和内部现金流，缓解融资约束，在影响创新投入（Bond et al.，2005）的同时，也会影响新产品、流程和服务的开发以及商业化价值转化（Fagerberg et al.，2005）。

本节可能的边际贡献在于：第一，服务业增加值在 2015 年就超过了制造业企业，同时生产性服务业与制造业之间具有相互促进、融合发展的关系，表明服务业创新能力的提升对创新驱动具有重大意义。第二，针对服务业与制造业产品的差异性，服务产品的异质性、无形性、难以运输性特点，引入可以有效代表服务业企业的创新投入指标——包括科技服务的科技活动经费投入，同时使用专利和软件著作权的复合加权指标来衡量创新产出，以及可以代表服务业创新商业化的指标——技术收入（创新收入的一种）来衡量创新绩效，针对服务业企业创新特点，从"创新投入—创新产出—创新绩效"的创新链全视角衡量企业创新。

三、研究假设

（一）"营改增"对企业创新链的影响

"营改增"政策对用于科学研究等的设备以及技术咨询服务等免征增值税的规定促进了研发、设计等科技服务业的发展，而服务业企业经营绩效的提高会进一步缓解技术创新活动面临的资金约束，从而有助于企业创新。

第一，"营改增"政策的实施有效促进了研发投入。一方面，"营改增"

降低了服务业企业的税基，打通了增值税抵扣链条，使得企业获得外购材料、设备、服务的进项税额抵扣，避免与上游企业之间的重复征税，减轻服务业企业税收负担（胡怡建和田志伟，2014）。由于企业创新活动对企业税率的变化很敏感（Mukherjee et al.，2017），减少企业应缴税款可以降低企业的生产成本，提高税后净利润，充裕内部现金流，弱化企业的融资约束，有利于保障创新资金供给，提高企业在创新活动中的资金投入。戴晨和刘怡（2008）发现，企业税收成本每减少1%，研究与试验发展（R&D）经费就上升0.98%。栾强和罗守贵（2018）对上海市科技企业的研究发现，2012年和2013年的"营改增"政策试点对企业研发强度的激励效应分别高达1.2%和4.7%，同时企业税负平均减少了0.3%。钱晓东（2018）、毛捷等（2020）、谢获宝等（2020）也证实了企业经营现金流增加是促使企业增大研发投入的重要原因，尤其是在研发和技术服务、信息技术、文化创意、物流辅助、鉴证咨询等现代服务行业中（孙晓华等，2020；佘镜怀等，2019）。另一方面，"营改增"政策提高了企业服务的外包意识，使产品创新行为市场化。《中华人民共和国增值税暂行条例》中明确提出，对"用于科学研究等方面的设备"免征增值税。企业购置相关设备用于科学研究活动，可以不需要向政府缴纳增值税，降低了企业税收负担，能够有效减少企业在创新活动中的风险，对新产品研发活动有良好的支撑作用（王华等，2020）。

第二，"营改增"政策带来的减税效应也促进了创新产出。一般纳税人增值税的抵扣效应主要由企业外购商品、固定资产或劳务产生，实施"营改增"政策后，这些外购物资和人员的成本就可以被抵扣，在完工产品的成本中外购商品或劳务的比重越高，抵扣的增值税就越多，抵扣效应就越明显（李成和张玉霞，2015）。因此，"营改增"政策通过刺激企业吸纳研发人员，增加投资，尤其是设备类固定资产的投资（袁从帅等，2015），为研发提供必备场所和支持性条件，保证企业研发活动的顺利进行，保障研发成果顺利落地，进而提高了企业技术水平（范子英和彭飞，2017）。

第三，企业可以引入更多高科技人才。"营改增"试点时期纳税人提供相关技术咨询服务时免征增值税，有效促进了产学研合作创新，包括企业之间以及企业和科研机构之间的技术交流及合作，促进研发资源的合理配置。

企业通过研发活动实现技术积累，产生技术外溢效应，有效激励创新产出。因此，"营改增"政策的减税作用通过研发投入的中介作用对创新产出产生激励效果。

第四，"营改增"政策会影响新产品开发和销售。一是在生产成本负担重的情况下，企业难以补充商业化所需的互补性资产，如互补性技术、制造设备，专业的市场推广和销售人员，从而导致创新成果商业化成功率降低。互补性资产无法在要素市场上获得，创新者需要有金融资源去发展或者通过合同协议或通过整合子公司来控制互补资产。基于"营改增"政策的可抵扣进项税额增加机制，激励企业购买固定资产，包括对外部技术的购买（Anthony，2016），在成熟技术的基础上直接进行商业化转化，由此促进新产品生产和销售的增长。同时，企业可以增加对互补性资产的购买，如互补性技术、制造能力、分销渠道、服务等，加快企业新产品推广的速度，有效实现新产品或者技术的市场化转化。二是"营改增"促进了专业化分工（陈钊和王旸，2016；袁始烨和周晓珺，2021），使部分服务业企业获得制造业企业的外包业务。"营改增"试点时期的过渡政策规定，纳税人提供技术转让、技术开发和相关的技术咨询等服务时免征增值税。因此，"营改增"政策实施对用于科学研究等的设备以及技术咨询服务等免征增值税的规定，促进了研发、设计等科技服务业的发展。

由此提出假设3.4："营改增"政策实施以后，通过降低企业生产成本、提高固定资产投资、引进专业技术和销售人员以及促进专业化分工等手段提高服务业企业的创新投入、创新产出和创新绩效。

（二）营改增对企业创新影响的异质性

大规模企业与中小规模企业的创新资源、风险承受能力不同，大规模企业存在规模优势、市场占比大、利润水平高，一般具有多个研发项目，承担着高额的投资和研发费用，"营改增"政策实施时，可抵扣税额增加，会节约更多的资金，政策效果相对显著。相反地，中小规模企业现金流不稳定，研发风险承受能力差，尤其在政策实施初期，不敢轻易增加固定资产投资及人员投入。

由此提出假设3.5：保持其他因素不变，"营改增"政策对规模较大企业的激励效果更为显著。

创新活动具有高风险性、信息不对称性，且是一个长期持续的过程。因此，企业创新对内部现金流的依赖较大，内部资金充足的企业有更多的资金投入创新活动。当企业面临严重的融资约束时，就会缺乏展开创新研发活动的资金和设备，R&D 的投入会相应减少，从而抑制企业创新。"营改增"政策的实施降低了企业税收负担，增强了企业内部融资能力，从而使具有融资约束的企业维持研发创新。但当企业融资约束程度过高时，"营改增"政策的税收减免无法弥补融资约束带来的巨大研发资金空缺，只有融资约束弱的企业才有动力和能力继续进行创新活动，"营改增"政策才能有效发挥激励作用。

由此提出假设 3.6：保持其他因素不变，"营改增"政策对融资约束弱的企业的激励效果更为显著。

为促进我国经济结构转型，提高国家自主创新水平，国务院于 1991 年开始开展高新技术企业认证工作，并为高新技术企业提供一系列的税收优惠及补贴，意在为企业创新发展提供有力保障，激发企业创新积极性。通过认证的高新技术企业需要达到一定的创新投入、创新产出及创新绩效的要求，而一旦被认定为高新技术企业，在 3 年有效期内可申请 15% 的企业所得税税率，既可以享受各级政府的科研经费支持和财政拨款等科技创新政策支持，又可以有效传递企业具有较高潜在经济效益和较高成长性的信号。"营改增"政策实施后，企业抵扣进项税的范围扩大，可以与高新认证对企业创新的影响产生协同效应。

由此提出假设 3.7：保持其他因素不变，"营改增"政策对高新技术企业的激励效果更为显著。

四、研究设计

（一）数据来源与处理

本节以北京中关村自主创新示范区服务业企业为研究样本，北京市是继上海市之后第二个实施"营改增"试点的地区，并且中关村自主创新示范区大部分企业为非上市中小型服务业企业，不仅可以避免因仅使用上市公司数据进行研究而忽略中小企业的选择性偏差问题，而且样本量足够大可以有效提高估计的准确性。根据《北京市国民经济和社会发展统计公报》，北京市

2012年第三产业比重达到76.4%。中关村作为北京市科技资源最集中的区域，2012年，中关村示范区现代服务业实现总收入约1.7万亿元，对示范区经济增长贡献率超过70%，成为首都现代服务业发展的重要引擎。由于2008年以前创新产出部分指标缺失，同时，考虑到政策实施的滞后效应，选取2008~2015年样本数据①为研究基础，该数据库包括有关科技服务业企业的各种科技创新活动指标数据信息，是目前国内研究微观企业创新活动的最为全面的数据库之一。北京市"营改增"政策符合双重差分模型的要求，研究的实验组（受到"营改增"政策影响的企业）为2012年北京中关村实施了"营改增"政策的"6+1"个行业企业，交通运输业主要包括陆路运输服务、水路运输服务、航空运输服务、管道运输服务；部分现代服务业主要包括研发和技术服务、信息技术服务、文化创意服务、物流辅助服务、有形动产租赁服务、鉴证咨询服务等。控制组（未受到"营改增"政策影响的企业）为北京中关村2012年未实施"营改增"政策的服务业企业②。因2012年开始使用国民经济行业分类（GB/T 4754—2011），故首先对于2012年前的数据进行行业分类与代码统一的处理，为消除离群值的影响，对被解释变量数据进行1%的缩尾（Winsorize）处理，从样本中删除对关键变量（如总收入和员工数）具有负值或零值的观测值，以及逻辑错误的观测值（如总资产低于流动资产或固定资产总额），则最终得到包含93595个样本点的非平衡面板数据。

（二）变量说明

1. 被解释变量

创新投入（lnex）：由于服务业企业创新更注重组织及流程创新，如开展新服务、开拓新市场、开发新的商业模式等，服务的对象主要是客户，但服务产品的生产销售和投入产出具有同时性，使企业无法分辨到底哪些经费投

---

① 2015年以后该数据不再更新公布，因此，本节的数据只截止到2015年，但是对于所研究的营改增政策，恰好处于样本期间，可以进行研究。

② 样本包括：多式联运和运输代理业、装卸搬运和仓储业、电信业、广播电视和卫星传输服务业、房地产业、专业技术服务业、科技推广和应用服务业、生态保护和环境治理业、公共设施管理业、土地管理业、居民服务业、机动车、电子产品和日用产品修理业、其他服务业、教育、社会工作、新闻和出版业、广播、电视、电影和录音制作业、体育、社会保障的相关企业。

入了研发活动中，并且不同服务业行业企业创新方式差异较大，内部研发和外部委托研发各有偏重（刘丹鹭和魏守华，2013），所以无法用单一的 R&D 投入衡量企业创新投入。根据国家统计局发布的《研究与试验发展（R&D）投入统计规范（试行）》，我国科技统计将统计范围内的科技活动分为三类：研究与试验发展（R&D）、R&D 成果应用和科技服务。因此，本节使用企业内部用于科技活动的经费支出加上企业委托外单位开展科技活动的经费支出额并扣除企业使用政府部门的科技活动金额表示创新投入。

创新产出（IP）：根据《中国软件和信息技术服务业综合发展指数报告》，软件著作权是软件和信息技术服务业产业重要的创新产出衡量指标。样本数据中 60%的样本属于该行业，因此在专利的基础上加上软件著作权能全面地代表创新产出。同时，考虑到不同创新产出的新颖性等存在差异，因此，本节以 3 种类型专利及软件著作权构造一个复合加权的创新产出量，作为创新产出度量指标。根据《高新技术企业认定管理工作指引》对知识产权质量的分类标准，将发明专利和集成电路布图设计专有权划为 I 类高质量科技成果，实用新型专利、外观设计专利、软件著作权等（不含商标）划为 II 类低质量科技成果。《中华人民共和国专利法》指出，3 种专利的保护期和创新程度不同，其中，发明专利的保护期最长、创新程度最高，实用新型专利和软件著作权相近，且这 3 种专利和软件著作权在作价入股或交易时，其市场价值不同。因此，对发明专利、非发明专利（实用新型专利、外观设计专利）和软件著作权分别赋予 0.5、0.2 和 0.3 的权重，然后再求其加权平均值，将求出的加权平均值作为创新产出的测量指标。

创新绩效（Income）：以企业创新收入的自然对数衡量企业创新绩效，创新收入包括技术和软件开发收入，技术转让、承包、咨询服务收入，接受委托研究收入、软件产品销售收入和新产品销售收入，充分体现企业创新的商业化水平与市场价值。

2. 解释变量

解释变量为 treat 与 time 的交互项，表示企业是否实施了"营改增"政策。其中 treat 表示企业所在的行业，记属于第一批"营改增"试点"6+1"个行业的 treat 取 1，反之为 0。2012 年以后年份的 time 取 1，反之为 0。当

treat×time＝1，则表示已经实施"营改增"政策的北京中关村现代服务企业。

（三）研究方法

"营改增"是一项分行业分地区逐步展开的政策。企业通过事先了解"营改增"政策而进行地址转移的可能性较小，增值税改革对于试点企业可以被视作一项外生冲击。"营改增"政策的实施效果可以通过对比试点企业和非试点企业的相关绩效指标来进行检验，但考察"营改增"政策对创新的影响不可以直接对比政策前后的企业创新的差额，因为在考察期间，其他政策以及经济整体发展环境的改变也会引起企业创新的变化。本节使用的PSM-DID是目前政策效应的重要评估方法，可以控制不可观测且不随时间变化的组间差异，DID将政策的实施作为对微观企业的外生变量，避免了逆向因果问题对结果产生的干扰。结合倾向得分匹配法，进一步减少数据偏差和混杂变量的影响，能更加准确地估计出政策效应。本节在此基础上控制了年份、行业效应，一定程度上也可以解决遗漏变量偏误问题。

开始于2012年1月1日的"营改增"政策，由于其分时段、分批次进行试点实验的特点，符合使用双重差分方法进行政策分析的条件。属于处理组企业的 treat＝1，反之为0。依据前文对于实验期与非实验期的划分标准，处于实验期，time＝1，反之为0。treat×time 为是否处理组与是否实验期的交乘项，是本节的解释变量。为验证假设3.4中"营改增"政策与企业创新的关系，设定双重差分检验的模型（3-2）。被解释变量 Innovation 为企业创新，分别用创新投入、创新产出和创新绩效三个指标表示。α_3 是主要关注的系数，它衡量了"营改增"政策对企业创新的影响，X 是控制变量的向量表示。

$$Innovation = \alpha_0 + \alpha_1 time + \alpha_2 treat + \alpha_3 treat \times time + \alpha_4 X + \varepsilon \qquad (3-2)$$

运用倾向得分匹配法（PSM）构造与实验组（第一批实施"营改增"政策的企业样本）特征最为相似的对照组（未第一批实施"营改增"政策的企业样本）。通过模型（3-3）将有关企业的各类特征变量进行倾向得分计算，被解释变量为 treat（"营改增"政策），企业属于第一批"营改增"政策试点行业 treat 为1，否则取0。

$$treat = \varphi_0 + \varphi_1 DTA + \varphi_2 lnsize + \varphi_3 SA + \varphi_4 lassets + \varphi_5 ROA + \varepsilon \qquad (3-3)$$

选择常用的最近邻一对一匹配方式，根据倾向得分值的相近度将实验组与对照组进行匹配，删除未处于共同支持区间和未能与实验组匹配的样本，得到对照组企业样本，从而有效解决样本选择偏误问题，保证检验样本更好地满足 DID 估计要求的平行趋势假设。

五、实证结果分析

（一）描述性统计

表 3-9 报告了各个变量的含义及描述性统计结果，从表中可以看出，企业创新投入均值为 12.276，标准差为 0.05；创新产出均值为 1.330，标准差为 3.611；创新绩效均值为 7.455，标准差为 3.075，即样本企业之间的整体创新水平存在较大差异。控制变量中无形资产、总资产和企业年龄具有较大差异，有必要采取倾向得分匹配法进行控制。其中，融资约束指标参考 Hadlock 和 Pierce（2010）设计的 SA 指数，使用企业规模（以总资产衡量）和企业年龄两个随时间变化不大且具有很强外生性的变量构建，计算公式：

$$SA = -0.737lassets + 0.043lassets^2 - 0.040age \qquad (3-4)$$

SA 指数为负，且绝对值越大，说明企业受到的融资约束程度越严重。表 3-10 为 2008~2015 年总样本及不同分类下的样本年度分布情况。

表 3-9　描述统计量

变量名称	变量符号	变量含义及说明	观测值个数	均值	标准差	最小值	最大值
创新投入	lnex	企业内部科技活动经费支出加企业委托外单位开展科技活动的经费支出额，扣除企业使用政府部门的科技活动金额，再取自然对数	88841	12.276	0.05	12.259	12.623
创新产出	IP	发明专利、非发明专利和软件著作权分别赋予 0.5、0.2 和 0.3 的权重，取其加权平均值	65128	1.330	3.611	0.000	25.200
创新绩效	Income	企业创新收入的自然对数	93595	7.455	3.075	0.000	13.616
企业规模	lnsize	企业员工数量加 1，再取自然对数	93500	3.029	1.371	0.693	9.778

续表

变量名称	变量符号	变量含义及说明	观测值个数	均值	标准差	最小值	最大值
无形资产	In-assets	企业无形资产总量	90333	2925	33640	0.000	2623000
总资产	lassets	总资产的自然对数	93595	9.016	2.038	4.718	15.010
经营能力	ROA	利润总额/总资产	93595	-0.027	0.292	-1.509	0.625
资产负债率	DTA	总负债/总资产	91674	0.402	0.286	0.008	0.985
企业年龄	age	当年年份与成立年份之差	93595	7.803	5.513	1.000	67.000
融资约束	SA	-0.737lassets$+0.043$lassets2 -0.040age	93595	-3.277	0.302	-5.343	-1.414
高新认定	H-teach	虚拟变量，高新认定企业取1，反之取0	68990	0.397	0.489	0.000	1.000

表 3-10 2008~2015 年总样本及不同分类下的样本年度分布情况

年份	总样本	交通运输业和现代服务业	交通运输业和现代服务业					
			规模大	规模小	融资约束弱	融资约束强	高新技术企业	非高新技术企业
2008	10087	4708	2002	2706	2730	1978	748	3960
2009	8596	3981	1940	2041	1931	2050	810	3171
2010	7915	3682	1870	1812	1495	2187	1512	2170
2011	7194	3343	1780	1563	1145	2198	1520	1823
2012	6788	4437	2665	1772	1401	3036	2166	2271
2013	7784	5045	3102	1943	1616	3429	2710	2335
2014	7711	4870	3120	1750	1637	3233	2794	2076
2015	9059	5165	3564	1601	1967	3198	3633	1532

表 3-11 为控制变量和被解释变量企业创新投入、创新产出和创新绩效之间的相关系数，从表 3-11 中可以看出，本节选取的控制变量与被解释变量之间相关度较高，可以起到控制作用。企业有融资约束不仅会影响创新投入，还会影响创新的其他方面。从相关关系上看，融资约束越强，创新投入、创新产出以及创新绩效越小。"营改增"政策变量与融资约束负相关，说明"营改增"政策实施以后，融资约束变小。同时，对解释变量进行多重共线性检验，结果表明解释变量之间不存在严重的多重共线性。

表 3-11　主要变量相关系数

变量	treat×time	lnex	IP	Income	lnsize	ln-assets	lassets	ROA	DTA	age2	SA	H-teach
treat×time	1											
lnex	0.129***	1										
IP	0.154***	0.491***	1									
Income	0.157***	0.377***	0.291***	1								
lnsize	0.142***	0.528***	0.417***	0.638***	1							
ln-assets	0.028***	0.184***	0.168***	0.064***	0.129***	1						
lassets	0.177***	0.465***	0.373***	0.585***	0.716***	0.153***	1					
ROA	0.011***	0.096***	0.091***	0.251***	0.131***	0.025***	0.269***	1				
DTA	0.019***	0.036***	-0.015	0.081***	0.106***	-0.009***	0.097***	-0.086***	1			
age2	0.229***	0.206***	0.192***	0.264***	0.298***	0.071***	0.389***	0.094***	0.119***	1		
SA	-0.098***	0.357***	0.239***	0.058***	0.220***	0.161***	0.218***	-0.018**	-0.007**	-0.399***	1	
H-teach	0.401***	0.283***	0.342***	0.444***	0.503***	0.060***	0.500***	0.146***	-0.009***	0.242***	0.053***	1

注：*、**和***分别表示在10%、5%和1%的水平下显著。

（二）DID 结果分析

为了消除实验组与控制组的组别之间的因素干扰，本节使用倾向得分匹配法（PSM）对实验组和对照组进行匹配。以资产负债率、公司规模、融资约束、总资产和经营能力为企业特征变量计算倾向得分，采取最近邻一对一匹配方法，得到实验组样本 46690 个，对照组样本 25053 个。表 3-12 为匹配的协变量平行假设检验结果，t-teat 检验显示协变量在匹配后的实验组与控制组之间不存在显著差异，说明该匹配方式能大幅降低处理组与对照组之间的差异，即表明匹配后的处理组与控制组企业改革前后的特征非常接近，两组样本企业在创新方面的差异是受"营改增"政策影响引起的。

表 3-12　平衡性假设检验结果

变量	是否匹配	均值		偏差（%）	偏差减少（%）	t 检验	
		处理组	控制组		| bias |	t 值	P 值
DTA	不匹配	0.38858	0.41517	-9.3	98.9	-14.1	0.000
	匹配	0.38857	0.38827	0.1		0.17	0.869
lnsize	不匹配	3.1087	2.9981	8.1	91.6	12.23	0.000
	匹配	3.1086	3.1178	-0.7		-1.03	0.303
SA	不匹配	-3.2932	-3.2672	-8.6	95.9	-12.98	0.000
	匹配	-3.2932	-3.2921	-0.4		-0.55	0.584
lassets	不匹配	9.0466	9.0748	-1.4	39.6	-2.11	0.035
	匹配	9.0464	9.0634	-0.8		-1.31	0.190
ROA	不匹配	-0.03101	-0.02169	-3.2	87.0	-4.84	0.000
	匹配	-0.03103	-0.02982	-0.4		-0.62	0.536

表 3-13 展示了"营改增"政策与企业创新链的双重差分估计结果。第（1）列、第（2）列显示的是 PSM 前后"营改增"政策与企业创新投入的控制年份和行业的双重差分结果，表明"营改增"政策对企业创新投入在 1%水平上具有促进作用，与理论分析的结论相符合；第（3）列、第（4）列是 PSM 前后的双重差分估计结果，显示"营改增"政策对企业创新产出具有显著正向影响；第（5）列、第（6）列分别是样本匹配前后"营改增"政策的

实施对企业创新绩效的回归结果，证实了"营改增"政策的实施对企业创新绩效的提升作用。双重差分结果证明了"营改增"政策对企业创新投入、创新产出和创新绩效具有显著提高作用，验证了假设3.4。

表3-13 营改增对企业创新的回归结果

变量	创新投入		创新产出		创新绩效	
	（1）	（2）	（3）	（4）	（5）	（6）
	PSM 前	PSM 后	PSM 前	PSM 后	PSM 前	PSM 后
treat	-0.006^{***}	-0.006^{***}	-0.504^{***}	-0.530^{***}	-0.084	-0.151^{**}
	（-5.519）	（-5.646）	（-6.650）	（-6.389）	（-1.226）	（-2.082）
time	0.005^{***}	0.005^{***}	0.042	0.015	0.573^{***}	0.578^{***}
	（6.173）	（5.023）	（0.656）	（0.191）	（12.720）	（10.644）
treat×time	0.008^{***}	0.008^{***}	0.433^{***}	0.393^{***}	0.093^{**}	0.108^{**}
	（10.522）	（9.521）	（7.477）	（5.841）	（2.515）	（2.370）
Controls	YES	YES	YES	YES	YES	YES
年份	YES	YES	YES	YES	YES	YES
行业	YES	YES	YES	YES	YES	YES
Constant	12.290^{***}	12.293^{***}	-0.224	-0.091	-13.622^{***}	-13.416^{***}
	（332.754）	（318.302）	（-0.167）	（-0.062）	（-9.276）	（-9.041）
Observations	86831	68497	63981	51076	88371	69591
R-squared	0.393	0.403	0.243	0.254	0.471	0.490

（三）平行趋势检验

Bertrand（2004）指出，有效使用双重差分法的前提是实验组和控制组在政策处理之前要满足共同趋势。因此，本节对原始的实验组和控制组的创新投入、创新产出和创新绩效进行了共同趋势检验，结果如图3-1所示。其中，实验组与控制组创新投入的平行趋势检验如图3-1（a）所示，在政策实施的前5年，实验组和控制组的创新投入具有一致性，但"营改增"政策实施后，出现显著差异。图3-1（b）为企业创新产出的平行趋势，同样满足使用双重差分的平行趋势条件。图3-1（c）显示在"营改增"政策实施前，实验组和控制组的公司创新绩效保持同步增长趋势，政策实施后两者增长趋势出现差异。因此，本节估计"营改增"政策对企业创新的影响效果过程中使用 DID 模型的部分是符合共同趋势假设条件的。

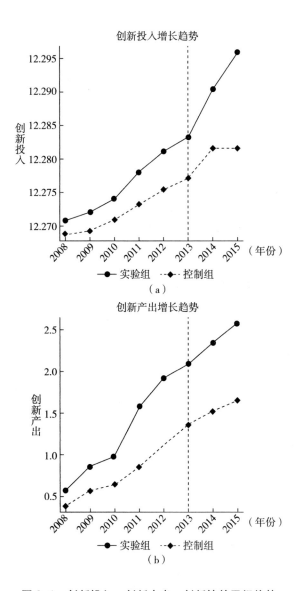

图 3-1　创新投入、创新产出、创新绩效平行趋势

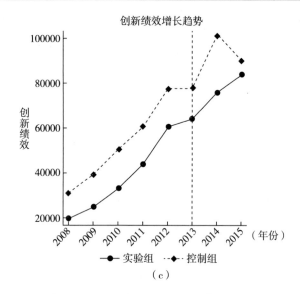

图 3-1　创新投入、创新产出、创新绩效平行趋势（续）

六、稳健性检验和异质性分析

（一）稳健性检验

1. 扩展样本容量

为进一步确保研究的可靠性，将 2013 年新增实施"营改增"政策的服务业（广告影视服务业、邮政服务业和电信业）加入实验组，依据公式（3-2）运用倾向得分匹配后的样本控制年份和行业效应进行检验。估计结果如表 3-14 所示，"营改增"政策对企业创新投入、创新产出和创新绩效均在 1% 的显著性水平上具有正向影响，即"营改增"政策促进了企业创新的结论依然成立。

2. 更换匹配方式

为了验证实证结果的可信度，本节还更换倾向得分匹配方式，分别采用核匹配和半径匹配两种常用形式对样本进行重新匹配与检验，结果如表 3-14 所示，"营改增"政策对企业创新链具有显著的激励作用。

表3-14　稳健性检验

变量	创新投入			创新产出			创新绩效		
	扩展样本容量	核匹配	半径匹配	扩展样本容量	核匹配	半径匹配	扩展样本容量	核匹配	半径匹配
treat	-0.006***	-0.006***	-0.006***	-0.544***	-0.506***	-0.507***	-0.155**	-0.083	-0.081
	(-5.967)	(-5.694)	(-5.726)	(-6.599)	(-6.666)	(-6.682)	(-2.148)	(-1.209)	(-1.175)
time	0.005***	0.005***	0.005***	0.015	0.042	0.042	0.579***	0.573***	0.572***
	(5.012)	(6.147)	(6.151)	(0.199)	(0.649)	(0.653)	(10.628)	(12.727)	(12.706)
treat×time	0.008***	0.008***	0.008***	0.392***	0.434***	0.434***	0.108**	0.092**	0.094**
	(9.527)	(10.523)	(10.519)	(5.809)	(7.481)	(7.480)	(2.362)	(2.510)	(2.540)
Controls	YES	YES	YES	YES	YES	YES	YES	YES	YES
年份	YES	YES	YES	YES	YES	YES	YES	YES	YES
行业	YES	YES	YES	YES	YES	YES	YES	YES	YES
Constant	12.293***	12.290***	12.290***	-0.079	-0.219	-0.211	-13.413***	-13.625***	-13.637***
	(318.296)	(332.734)	(332.634)	(-0.054)	(-0.163)	(-0.158)	(-9.039)	(-9.278)	(-9.291)
Observations	68497	86829	86822	51076	63979	63972	69591	88369	88362
R^2	0.403	0.393	0.393	0.254	0.243	0.243	0.490	0.471	0.471

注：括号内为稳健 t 统计量，***、**、*分别表示在1%、5%和10%的水平下显著。

（二）异质性检验

企业的异质性可能会影响"营改增"政策对企业创新的作用程度。基于前文理论分析及假设 3.5、假设 3.6 和假设 3.7，针对企业的不同属性对样本企业进行分类检验，为提高结论的可靠性，以下检验均使用倾向得分匹配后的企业样本，且控制了年份和行业效应。

首先，根据员工数量对企业规模进行划分，以员工数量中位数为区分点将企业分为大规模企业和中小规模企业，对两类企业进行双重差分估计的结果如表 3-15 所示：第（1）列、第（3）列、第（5）列表明"营改增"对大规模企业"创新投入—创新产出—创新绩效"创新链整体正向影响显著，第（2）列、第（4）列、第（6）列则显示出"营改增"对中小规模企业创新的三个阶段影响均不显著，符合假设 3.5。原因是大企业采购规范，进项抵扣增加，税负下降，中小型企业因为税务漏洞，较少或者没有拿到进项抵扣，税负反而可能增加，导致创新活动仍然存在融资约束。

表 3-15　异质性检验—企业规模

变量	创新投入		创新产出		创新绩效	
	（1）	（2）	（3）	（4）	（5）	（6）
	大规模企业	中小规模企业	大规模企业	中小规模企业	大规模企业	中小规模企业
treat	-0.007***	-0.000	-0.631***	-0.028	-0.144	-0.125
	(-4.180)	(-0.887)	(-4.794)	(-0.493)	(-1.448)	(-1.243)
time	0.006***	0.001***	0.016	0.205***	0.278***	1.113***
	(3.773)	(2.862)	(0.131)	(4.199)	(3.938)	(13.342)
treat×time	0.011***	0.000	0.441***	0.036	0.190***	-0.054
	(8.238)	(0.431)	(4.195)	(0.896)	(3.213)	(-0.767)
Controls	YES	YES	YES	YES	YES	YES
年份	YES	YES	YES	YES	YES	YES
行业	YES	YES	YES	YES	YES	YES
Constant	12.226***	12.264***	-2.772	0.078	-12.046***	-4.698***
	(248.260)	(6023.539)	(-1.517)	(0.264)	(-8.562)	(-4.356)
Observations	36854	31643	29187	21889	37390	32201
R^2	0.418	0.055	0.232	0.049	0.357	0.237

注：括号内为稳健 t 统计量，***、**、*分别表示在 1%、5% 和 10% 的水平下显著。

其次，以 SA 指数的中位数为划分标准，将企业分为融资约束弱和融资约束强两类，表 3-16 中的第（1）列、第（3）列、第（5）列和第（2）列、第（4）列、第（6）列分别是在融资约束弱和融资约束强的企业中。通过"营改增"政策对企业创新影响的估计结果可以发现，"营改增"政策在融资约束弱的企业中促进系数更大且显著，在融资约束强的企业中，"营改增"在创新投入、创新产出两个阶段具有显著促进作用，但在创新绩效方面影响不显著，原因是在融资约束高的企业中，创新成果转化和市场化的过程受到资金资源条件制约，企业无法将创新成果全部顺利进行商业化转化。

表 3-16　异质性检验—融资约束

变量	创新投入		创新产出		创新绩效	
	（1）	（2）	（3）	（4）	（5）	（6）
	融资约束弱	融资约束强	融资约束弱	融资约束强	融资约束弱	融资约束强
treat	-0.013***	-0.003***	-1.002***	-0.324***	-0.208*	-0.156*
	(-5.994)	(-4.073)	(-5.951)	(-5.053)	(-1.711)	(-1.808)
time	0.005***	0.002**	-0.167	0.095	0.505***	0.501***
	(2.866)	(2.199)	(-0.980)	(1.357)	(5.772)	(6.933)
treat×time	0.017***	0.003***	0.810***	0.177***	0.314***	-0.027
	(8.951)	(4.519)	(5.647)	(2.924)	(3.864)	(-0.513)
Controls	YES	YES	YES	YES	YES	YES
年份	YES	YES	YES	YES	YES	YES
行业	YES	YES	YES	YES	YES	YES
Constant	12.220***	12.408***	-3.072***	7.235***	-16.531***	-7.221***
	(2068.428)	(1204.859)	(-4.373)	(8.360)	(-66.448)	(-4.443)
观测值	32300	36197	20406	30670	33095	36496
R^2	0.432	0.277	0.271	0.192	0.560	0.378

注：括号内为稳健 t 统计量，***、**、*分别表示在 1%、5% 和 10% 的水平下显著。

为验证假设 3.7，依据企业是否为高新认证企业将样本进行分类估计，如表 3-17 第（1）列、第（3）列、第（5）列结果所示，高新认证企业中"营改增"政策对企业创新链整体的促进作用是显著的，但在非高新认证企业中，"营改增"对企业创新产出的影响并不显著。

表 3-17　异质性检验—高新技术企业认证

变量	创新投入		创新产出		创新绩效	
	(1)	(2)	(3)	(4)	(5)	(6)
	高新认证企业	非高新认证企业	高新认证企业	非高新认证企业	高新认证企业	非高新认证企业
treat	-0.007***	-0.004***	-0.730***	-0.075	-0.341***	-0.072
	(-3.322)	(-3.314)	(-4.037)	(-1.617)	(-3.061)	(-0.539)
time	0.003*	-0.002	-0.098	0.208***	-0.359***	-0.140
	(1.951)	(-1.132)	(-0.680)	(2.822)	(-5.201)	(-1.297)
treat×time	0.009***	0.007***	0.312**	-0.085	0.198***	0.297**
	(5.740)	(3.504)	(2.349)	(-0.975)	(3.050)	(2.476)
Controls	YES	YES	YES	YES	YES	YES
年份	YES	YES	YES	YES	YES	YES
行业	YES	YES	YES	YES	YES	YES
Constant	12.535***	12.268***	11.731***	-0.103	-0.583	-13.487***
	(748.838)	(317.729)	(9.158)	(-0.475)	(-0.512)	(-11.548)
Observations	22597	29661	21574	23562	22629	29999
R-squared	0.470	0.199	0.248	0.055	0.437	0.354

注：括号内为稳健 t 统计量，***、**、*分别表示在 1%、5% 和 10% 的水平下显著。

七、本节结论与建议

本节通过基于倾向得分匹配的双重差分法，以北京中关村服务业企业为例，分析了"营改增"政策实施对企业创新的影响。研究结果显示：基于"创新投入—创新产出—创新绩效"创新链整体角度观察，"营改增"政策显著提升了企业创新水平，且在不同属性企业中影响效果存在巨大差异，在规模大、融资约束弱和高新认证企业中促进效果更显著。基于研究结果，得到关于促进国家创新体系的建立、提高企业创新水平的几点启示：第一，通过实证结果证明"营改增"政策对企业创新具有显著促进作用，政府应该持续加大相应税收减免政策的实施力度，减轻企业税收负担，缓解企业研发资金约束。同时，在持续进行普惠性减税降费中，注重差异性精准扶持，通过税收政策引导各类生产要素和资源的合理利用，促进中国产业结构优化升级。第二，实证发现高新认证企业在具有 10% 的税收优惠条件下，获得"营改增"政策支持后企业创新水平提升更显著，因此，要重视税收政策的深化改革，探索多元化创新性税收政策，注重发挥各类支持政策的协同作用，使政府职能得到更好的发挥。第三，目前中国的创新实力相对薄弱且不均衡，尤其对于中小型企业来说，税收优惠带来的政策性红利与企业现有创新资源不匹配，无法转换为企业自身创新能力，政府应积极引导不同企业合理配置创新资源，使其结合企业自身的技术水平，兼顾研发创新和非研发创新两种创新手段的优劣势，探索出适合本企业的独特创新模式，从而提高创新资源的利用率和创新绩效。

第四章　商业性科技金融对企业创新的影响研究

本章探讨商业性科技金融对企业创新的影响。由于科技保险在我国的应用有限，研究数据缺失，因此本章主要探讨科技资本市场以及银行贷款对企业创新的影响。一是使用中关村科技企业数据，结合多时点 PSM+DID 方法和中介效应模型，分析风险投资、公开上市融资、非上市股权融资对企业创新的不同影响。二是探讨银行贷款对企业创新的影响，由于我国的融资结构中，贷款占比较大，因此本章第二部分探讨银行贷款对企业创新的影响。

第一节　股权融资对企业创新的影响[①]

研发活动是提高企业创新能力的主要途径。持续、高强度的研发投入是决定企业的创新能力和商业绩效的重要因素（Hall et al. , 2005），也是企业保持行业技术领先地位和核心竞争力的基础。如何激励企业增加研发投入以促进企业创新，进而促进国家创新能力的提升、产业升级和经济发展转型？从市场机制的角度来看，一方面，企业的研发和创新行为受产品市场竞争的

---

① 本节内容发表于《商业研究》2020 年第 9 期：王乾宇，崔静静，田人合. 不同股权融资渠道对企业创新的影响——基于中关村科技企业的微观检验［J］. 商业研究，2020（9）：142-152.

影响（Blazsek and Escribano，2016）；另一方面，由于企业创新项目具有高风险性和长期性特征，金融市场的发展有助于减少企业融资和交易成本并减少市场摩擦（贾俊生等，2017）。与一般投资不同的是，科技企业不仅对研发资金需求大，还存在融资约束的问题。根据梅叶斯（Myers）与梅吉拉夫（Majluf）提出的融资优序理论，企业在进行融资时，应遵循内部融资、债务融资、股权融资的顺序。而企业研发支出主要表现为研发人员（科学家和工程师）的工资。因此，融资成本低的内部融资就成为创新项目融资的主要途径。企业可以使用当前现金流量，保留过去的收益和借款对研发进行融资（Peters et al.，2017）。但是，创新产品具有非竞争性和部分排他性特征，导致内部研发投入难以达到最优水平。同时，在创新项目初期企业往往难以有较高的盈利，难以产生留存收益。因此，企业需要获取外部资金以缓解研发项目的融资约束。

根据融资约束理论，科技企业可能会优先选择债权融资方式。但由于以下因素，企业更愿意选择出售股权的方式为研发项目融资（Hall and Lerner，2010）：第一，研发活动所涉及的技术往往具有保密性质，因而难以评估研发活动的实际质量，导致企业与外部资金提供者之间存在严重的信息不对称问题。第二，研发活动通常不涉及可用作抵押的资产，且用途专一，导致抵押拍卖价值较低，债务融资较为困难。第三，债务融资还可能会为企业带来后续还本付息的现金流压力。第四，相对债权融资，股权投资者更注重企业创新后的成长性。Brown 和 Fazzari（2009）发现，美国初创型科技公司主要依靠外部股权为研发活动提供资金。与美国发达的、多层次资本市场不同的是，我国 2019 年 7 月才迎来科创板开市，且在外部融资中一直以银行贷款为主要融资模式，上市仍然是稀缺资源。国内外对股权融资影响企业创新的研究集中于使用上市公司数据分析上市融资或风险投资对企业创新的影响（胡刘芬和周泽将，2018）。有关股权融资对企业创新影响的研究较多使用上市公司数据，本节使用中关村 2005~2015 年科技企业连续观测数据，与以往的研究样本形成对比；针对企业获得股权融资的时间不具有一致性的特点，使用分年度 PSM 方法找到对照组，突破了目前 PSM 方法适用于截面数据的局限，同时解决了样本自选择问题导致的内生性问题；从缓解研发活动融资约束的角度比较了公开上市融资、风险投资以及非上市股权融资对企业创新的不同影响以及分析了异质性。

一、理论分析与研究假设

（一）股权融资对企业创新的激励作用

资本市场在提供企业家资本和激励、促进创新上发挥着至关重要的作用。Rajan（2012）发现，更容易获得股权资本的公司更有可能进行资本密集型的创新活动。参考张一林等（2016）对企业股权融资的衡量标准，股权融资市场包含主板市场、场外市场、区域性股权交易市场，天使基金、风险投资、私募股权等以股权融资为主要投融资方式的金融市场。因此，本节将股权融资分为：①上市公司通过公开市场发行股票（包括 IPO 融资和并购重组发行股份）的方式进行融资；②上市和非上市公司从风险投资融资途径获得投资；③非上市公司通过场外市场发行股票、进行股权转让或通过增资扩股的方式获得股权融资，上市公司通过非公开发行股票的方式向特定投资者融资。科技型企业往往首先会接触到股东或企业创始人的股权投资，待到初步发展之后，才有机会接触到天使投资、风险投资等专业股权投资（Hsu，2004），经过成熟期后，可能选择在公开市场发行股票进行融资。由于不同的股权融资渠道获取成本、难易程度以及股东和资金用途的不一致，因此不同股权融资对企业研发活动以及创新的影响也不同。

风险投资主要是由有限合伙人筹集风险投资基金，由风险投资人选择未公开上市的有高增长潜力的中小型企业进行投资，对风险的承受能力更强（Tian and Wang，2014）。同时，风险投资往往会通过掌握被投资企业的控制权，帮助被投资企业整合创新资源，进而促进企业创新。在 Kortum 和 Lerner（2000）使用专利生产函数发现风险投资对专利授权具有显著的正向影响之后（Kortum and Lerner，2000），一系列微观层面的实证研究发现了风险投资与企业创新之间的正相关关系（王兰芳和胡悦，2017）。

本节研究对象中的非上市公司股权融资包括两种：2015 年新增股权主要是非上市公众公司（如新三板挂牌公司）发行股票；其他年份主要指是股份公司或有限公司的股权投资人的增资扩股。非上市股权融资很大程度上依赖于少数所有者的个人资金，这类资金对于风险的承受能力较低于风险投资（许昊等，2015）。

上市公司通过公开市场上市获得融资，可以支撑后续产能和技术投入以及创新项目上市和商业化所需的运营投入，还可以通过并购购买更多专利和新技术。因此，股票市场是创新活动的重要融资来源（Allen and Gale，1999）。毕金玲等（2018）发现，我国上市公司大股东不参与的定向增发通过缓解上市公司融资约束，促进了企业研发投入和专利产出。此外，公开上市可以向外部传递积极的企业质量信号，有助于企业获得外部资金支持（Deboskey and Gillett，2013）。

虽然存在不同的股权融资渠道，但企业接受股权融资最终目的是获得长期稳定的现金流，降低企业财务风险，增强资金实力，保障创新战略布局，提升竞争优势（李汇东等，2013）。与债券融资相比，股东（企业股东、风险资本家，公共市场股东）拥有被投资企业的所有权和控制权，也就意味着作为企业的股东，享受按照股权比例分享企业创新成功后的利润回报。因此，股东会与创新者一起承担新技术研发风险以及新产品推广的不确定性，通过承担风险获得投资收益。面对研发周期的长期性和产品商业化的不确定性，股权融资的持续性和长期性可以促进企业创新。由此提出假设4.1：股权融资所提供的资金支持有助于激励企业创新。

（二）股权融资对企业创新的激励机制

创新项目的高风险性首先体现在研发项目的不确定性中，因此，创新融资首先体现在为研发项目筹集资金上，股权融资的特点决定了其可以承受研发风险，通过缓解研发活动的融资约束促进创新。

第一，股权融资中的风险投资倾向于将资金投资于企业研发项目。此外，风险投资机构通常在一个行业拥有宽广的关系网络和社会资源，可以依靠自身的资源和品牌号召力，通过人才招聘和猎头招聘，帮助企业引进研发项目所需的技术人员和创新团队（熊家财和桂荷发，2018）。Guo和Jiang（2013）通过对中国制造业企业的研究发现，风险投资对企业研发投入密度有显著的正向影响。但贺炎林和朱伟豪（2018）认为，风险投资倾向于对有商业化前景的项目进行投资，而不是投资商业化前景不明确的研发项目，或者选择具有国有背景的项目进行投资（余琰等，2014）。研发投入是企业创新最直接的影响因素，通过对研发活动的资金和人员投入，企业可以引入新产品或服务，提高现有产品的质量或启动新的或改进的生产流程（Beck and Demirguc-Kunt，2006）。风险投资通过为被投资企业提供研发资金和研发团队支持，加速高新技术的产业化和商业化进程，促进资金用于创新项目，或者促进企业采用新的技术（陈思等，2017）。相较而言，非上市股权融资很大程度上依赖于少数所有者个人资金的投资，尤其是股东出资，难以承受研发项目的高风险。

第二，企业上市不仅可以通过定向增发等方式获取资金支持，而且上市向社会提供了信用、资质以及优质项目的"背书"或"信号"，会吸引其他投资者的跟随投资，有助于解决企业研发资金的不足问题（覃家琦等，2019），激励中小企业更多地参与研发活动。Xu 等（2019）发现，中国上市公司的市场价值（托宾 q 值）显著促进了研发投资。同时，上市企业可以通过股权、期权等强化对员工的激励，促进企业创新投入（孟庆斌等，2019）。Acharya 和 Xu（2017）发现，依赖外部金融的上市公司的研发投入和专利组合产出更多。通过公开上市吸引新的股东加入，虽然可以提升信息透明度，降低信息不对称性，但是也会带来管理层短视问题（Ferreira et al.，2014）。例如，对研发项目失败的担心以及管理层对企业短期业绩的关注，导致管理层在短期业绩的压力下不愿意进行长期研发投资（Acharya and Lambrecht，2015）。

因此，股权融资虽然可以为面临融资约束的科技企业的技术发展、经营管理等提供资金支持，科技企业可以利用股权融资资金招聘专业技术人员，或者与其他研究机构进行合作研发，购买先进的机器设备，推动企业创新。但不确定性的研发活动对不同股权融资渠道的吸引力不同，而三种股权融资渠道对研发投入的影响效应各不相同，有正有负，股权融资对企业创新的影响机制取决于三种股权融资渠道对企业创新影响的综合效应。由此提出：

假设 4.2：股权融资对企业创新没有影响。

二、研究方法与设计

（一）样本选择与数据来源

本节采用北京市统计局对中关村国家自主创新示范区企业 2005~2015 年的官方调查数据。作为国内重点高新技术产业园区，中关村内的企业均所属国家重点支持的科技产业，包括电子与信息、核应用技术、生物工程和新医药、新材料及应用技术、先进制造技术、航空航天技术、现代农业技术、新能源与高效节能技术、环境保护技术、海洋工程技术等，这些产业也是风险投资重点支持的产业类型。数据集涵盖了各个年龄、规模和行业的科技型企业，涵盖了有创新活动和无创新活动的企业。根据《中关村指数 2016》：2015 年，中关村内进行股权投资的机构为 672 家，占同期全国股权投资机构的 41%；发生股权投资案例 2413 起，占全国股权投资案例的 32.2%。截至 2015 年底，中关村新三板挂牌企业达 783 家，超过一半的中关村新三板企业通过发行普通股、优先股以及定向增发等方式进行股权融资。截至 2015 年 12 月末，中关村上市企业总数达 281 家，累计首发融资 2590.3 亿元。

为剔除异常值的影响，对数据进行以下清理：①删除某一样本中没有任何创新活动（企业科技活动经费和人员、专利申请量、软件著作权、新产品销售收入、技术收入、销售收入均为 0）的观测值；②删除不符合逻辑关系的样本值，如新产品销售收入大于总收入，固定资产大于总资产；③剔除总资产、销售收入、实收资本为零或负数的样本；④为了消除极端值的影响，对连续变量在 1% 和 99% 的水平上进行 Winsorize 处理。

（二）变量定义

1. 被解释变量

本节分别使用研发投入和专利申请量衡量企业创新。相较于专利授权，专利申请更接近创新时间，企业在申请专利时相关研发已经取得成果，能够说明被投企业的技术方向和产品布局。

2. 解释变量

设置股权融资虚拟变量，取 1 表示有股权融资的企业，取 0 表示没有股权融资的观测值。如果在样本期内企业获得多种股权融资渠道，那么选择首次获得的股权融资为解释变量。

以上使用研发经费的自然对数表示研发投入，以最大限度降低股权融资期间引起的研发比率下降的影响。

3. 控制变量

考虑到不同行业的研发投入以及专利产出不同，如传统行业的研发投入较小，新兴产业以及新创企业往往对研发投入依赖较大，因此控制规模、年龄、产业集中度以及行业等特征变量。同时，控制当期创新收入，以控制需求因素对创新产出的影响以及避免可能的遗漏变量偏差。引入企业亏损虚拟变量，一方面，如果股东通过创新项目的实施从研发项目中受益，那么他们可以通过留存收益来增加其股权基础；另一方面，留存收益也会影响企业可用的研发资金。

表 4-1　变量定义

变量类型	变量名称	变量符号	定义
被解释变量	创新产出	Lnpatent	ln（1+当年专利申请数量）
	研发投入	Lnrd	ln（1+当年研发投入经费）
解释变量	股权融资	Treatpost	股权融资当年及之后年份取值为1，否则为0
	试验组	Treat	企业在样本期间有股权融资，取值为1，否则取值为0
	股权融资年份	inyear	i＝2008，2009，2010，2011，2012，2013，2014，2015
	企业规模	Staff	ln（1+员工数）
	杠杆率	Dta	总负债/总资产
	企业年龄	Age	ln（企业成立时间+1）
控制变量	政府补贴	Lnsub	ln（企业当年政府补贴额+1）
	税收减免	Lntax	ln（企业当年获取减免税优惠额+1）
	亏损变量	Loss	当期净利润为负，取值为1，否则为0
	无形资产	Lint	ln（当期无形资产+1）
	创新收入	Lnrev	ln（1+产品销售收入+技术收入）
	产业集中度	CR	企业销售收入/行业销售收入

（三）模型构建

有股权融资的企业并不是通过随机筛选而来的，而是投资人或者投资机构对企业的创新能力、财务以及行业特征等进行筛选的结果。例如，风险投资往往会选择有独特产品、技术或者服务的企业进行投资。创新能力比较强的企业能够向外部投资者传递出有关企业增长潜力的信号，提高投资者对企业的估值，进而更容易获得股权融资。这就导致部分投资者为了提高企业未来的市场价值更有可能选择创新能力强的企业进行投资，即出现投资行为的自选择，如果直接比较接受股权融资的企业和没有股权融资的企业创新效果的差异，会导致估计偏差。因此，在企业接受第一次股权融资之前使用倾向得分匹配方法（Propensity Score Matching，PSM），为受到股权融资的企业匹配在创新投入、财务特征以及企业特征上相近的没有股权融资的企业。具体过程：首先，通过一定的匹配指标构造控制组，控制组的主要特征与获得风险投资的企业（处理组）的特征无显著差异。其次，使用模型（4-1）构建Logistics回归，计算企业获得股权融资的倾向得分。匹配变量 Characters 包括创新收入、研发投入、资产负债率、企业规模、政府补贴、政府减税额、产业集中度、企业年龄、亏损虚拟变量、无形资产。

$$\text{Logistics}(\text{Treatpost} = 1) = \rho_0 + \sum \rho_j \text{Characters}_{jit} + \varepsilon_{it} \tag{4-1}$$

本节所选择样本的特殊性在于企业获得股权融资的时间不一致，也就是面对多期股权融资冲击。在这种情况下，借鉴 Heyman 等（2007）、刘晔等（2016）的做法，采用逐年匹配的方法为各年的处理组找到匹配的对照组。例如，某企业 2008 年获得股权融资，那么在 2008 年按 1∶1 匹配保留其控制组 2008 年观测值，这样匹配出来的控制组的政策冲击时间就是 2008 年，然后再逐年匹配，每年匹配的年份就是控制组的冲击时间，一直持续到 2015年。最后将分年度匹配的数据作为不同的截面进行合并，得到 2005~2015 年包括处理组以及对照组和相应处理时间的面板数据。这样就可以控制不可观测的、不随时间变化的因素对股权融资和企业创新的影响。使用模型（4-2）检验股权融资对创新产出的影响：

$$\text{Lnpatent}_{it} = \alpha_0 + \alpha_1 \text{Treatpost}_{it} + \sum \beta_j \text{Controls}_{jit} + \gamma_i + \varphi_t + \varepsilon_{it} \tag{4-2}$$

其中，$Lnpatent_{it}$ 为专利申请量，$Treatpost_{it}$ 为股权融资的虚拟变量。若某企业在样本期间获得了股权融资，在获得股权融资的当年及以后年度 $Treatpost_{it}$ 取值为1，否则为0。同时，在样本期间未获得股权融资的企业取值为0。α_1 为本节关心的核心参数，意味着股权融资对企业创新的影响效果，即获得股权融资的企业相对于没有获得股权融资的企业被解释变量的平均变化。$Controls_{jit}$ 表示其他解释变量。γ_i 和 φ_t 分别表示个体和时间固定效应，ε_{it} 为扰动项。

三、实证分析结果和检验

（一）描述性统计

总样本的变量差异性分析显示，获得股权融资的企业的研发经费支出、获得的政府减税以及补贴额度、平均专利申请量以及创新收入均高于未获得股权融资的企业，说明股权融资可能更偏向创新能力较强的企业。股权融资的选择具有内生性，会导致股权融资与企业创新产出之间的互相因果关系，需要通过匹配程序进行处理。为验证匹配结果，分年度进行得分匹配的平衡性假设检验，所有年度匹配变量的标准偏差的绝对值匹配后都小于5%。同时，将分年度匹配结果合并之后，在1%的显著性水平下，匹配样本的 t 统计量都不显著，说明匹配变量在处理组和对照组之间并不存在显著的差异（见表4-2），本节选取的匹配变量和匹配方法是合理的。

表4-2 匹配样本的差异性检验

变量	控制组	控制组均值	处理组	处理组均值	均值差异	t 统计量
Lnpatent	2340	0.599	2401	0.848	0.249 ***	-7.463
Lnrev	2340	9.952	2401	10.003	-0.05	-0.733
Lnsub	2340	2.408	2401	2.51	-0.102	-1.008
Lntax	2340	3.764	2401	3.878	-0.114	-1.02
Dta	2340	0.38	2401	0.376	0.004	0.505
Age	2340	10.437	2401	10.512	-0.075	-0.37
Staff	2340	4.34	2401	4.323	0.018	0.42
CR	2340	0	2401	0	0	0.069
Loss	2340	0.326	2401	0.305	0.021	1.539
Lint	2340	5.244	2401	5.199	0.045	0.39

注：只包括处理组当期的观测值以及对照组当期的观测值。

经过分年度匹配可以找到每年的控制组，但只能得到控制组受到政策冲击当年的观测值，无法确定股权融资前和股权融资后控制组和试验组创新行为的变化。因此，在执行完分年度匹配之后，需要得到包括处理组和控制组股权融资前后的观测值，这样就可以比较获得股权融资的企业在股权融资后创新活动的变动与没有获得股权融资企业创新活动变化的差异。最终得到2005~2015 年 18912 个"企业—年度"样本，包括 3270 个实验组（在样本期内获得股权融资）样本①以及 15642 个对照组（在样本期内未进行股权融资）样本。变量的描述性统计分析如表 4-3 所示。

表 4-3 变量的描述性统计分析

变量	观测值	均值	标准差	最小值	中位数	75 分位数	最大值
Lnpatent	18912	0.6367	1.1201	0	0	1.0986	8.8097
Lnrd	18912	3.6974	4.1271	0	0	7.6875	14.7045
Treat	18912	0.2864	0.4521	0	0	1	1
Treatpost	18912	0.1565	0.3633	0	0	0	1
Lnrev	18912	10.0248	2.2842	0	10.1025	11.5431	18.3765
Lnsub	18912	2.3134	3.3812	0	0	5.656	13.6736
Lntax	18912	3.6659	3.8051	0	3.0445	7.2609	14.1541
Dta	18912	0.3959	0.2584	0.0082	0.3666	0.591	0.9846
Age	18912	9.887	6.5573	1	9	12	66
Staff	18912	4.3316	1.4633	1.0986	4.2627	5.2627	10.255
CR	18912	0	0.0002	0	0	0	0.0146
Loss	18912	0.2493	0.4326	0	0	0	1
Lint	18912	4.8165	4.0509	0	5.7004	8.4576	15.2581

注：包括处理组在股权融资之前的观测值以及对照组样本期间的观测值，下表相同。

从样本分类统计来看，获得股权融资的企业，其中约 35% 为工业企业，60% 为服务业企业。65% 获得股权融资的企业为高新技术企业，说明股权融资对象以高科技与知识为基础，生产与经营技术密集的创新产品或服务。表4-4 为不同时期试验组与控制组匹配检验结果。

---

① 包括获得风险投资融资的 803 个观测值、从公开市场融资的 847 个观测值、1620 个非上市股权融资观测值。

表4-4 不同时期试验组与控制组匹配检验结果

ATT 值	试验组		控制组		股权融资时间（年）	
	Treat = 1	样本数	Treat = 0	样本数	inyear = 1	inyear = 0
0.2393** (2.12)	2007	245	2007	954	2007~2015	2005~2006
0.4553** (2.53)	2008	488	2008	1253	2008~2015	2005~2007
0.2312** (1.99)	2009	509	2009	1292	2009~2015	2005~2008
0.2909*** (2.95)	2010	513	2010	1287	2010~2015	2005~2009
0.1309 (1.24)	2011	516	2011	1344	2011~2015	2005~2010
0.2849*** (2.71)	2012	554	2012	1421	2012~2015	2005~2011
0.2376*** (2.75)	2013	647	2013	1598	2013~2015	2005~2012
0.2526*** (2.93)	2014	651	2014	1562	2014~2015	2005~2013
0.2184*** (3.06)	2015	700	2015	1597	2015	2005~2014

注：括号内为 t 值；*、**、***分别表示在10%、5%、1%的水平下显著。

（二）回归结果分析

表4-5列示了股权融资对企业创新产出影响的实证结果，其中，Treat-post1、Treatpost2、Treatpost3分别表示企业通过公开上市融资、获得风险投资以及非上市公司股权融资。在5%的显著性水平上，股权融资显著影响企业创新产出，从系数上看，相较于没有获得股权融资的企业而言，获得股权融资的企业专利申请量在获得股权融资后平均增加 1.17 （$e^{0.1605}$）个。区分不同的股权融资渠道：相较于没有通过上市融资的企业而言，通过上市融资的企业，其专利申请量在上市融资后平均增加 1.95 （$e^{0.2464}$）个；相较于没有获得风险投资的企业而言，获得风险投资的企业，其专利申请量在获得风险投资后平均增加 1.12 （$e^{0.1124}$）个；相较于没有通过非上市股权融资的非上市

企业而言，获得非上市股权融资后，专利申请量平均增加 1.14（$e^{0.1293}$）个。这说明上市以后，企业获得的资金量较大，不仅可以融资，还可以通过并购购买更多专利和新技术（Bena and Kai，2014）。在控制变量中，创新收入、企业规模以及市场集中度与企业创新变量显著正相关。此外，减税以及政府补助都与企业创新产出变量显著正相关，与既有研究结论相一致。由此，假设 4.1 基本得以验证。

表 4-5 股权融资对企业创新的直接影响

	（1）	（2）	（3）	（4）
	Lnpatent	Lnpatent	Lnpatent	Lnpatent
Treatpost	0.1605***			
	（4.9414）			
Treatpost1 上市融资		0.2464***		
		（2.8065）		
Treatpost2 风险投资			0.1124**	
			（2.0428）	
Treatpost3 非上市股权融资				0.1293***
				（3.5279）
Lnrev	0.0248***	0.0250***	0.0256***	0.0251***
	（3.5750）	（3.6055）	（3.6810）	（3.6194）
Lnsub	0.0122***	0.0125***	0.0123***	0.0121***
	（4.0681）	（4.1514）	（4.0826）	（4.0319）
Lntax	0.0168***	0.0168***	0.0173***	0.0169***
	（5.6317）	（5.6610）	（5.7803）	（5.6482）
Dta	0.0229	0.0153	0.0074	0.0214
	（0.6628）	（0.4410）	（0.2112）	（0.6170）
Age	0.0075*	0.0067*	0.0071*	0.0074*
	（1.8807）	（1.6580）	（1.7720）	（1.8636）
Staff	0.1385***	0.1381***	0.1402***	0.1395***
	（11.1305）	（11.0807）	（11.2402）	（11.2033）
CR	108.9148***	100.7529***	103.5190***	110.7805***
	（4.3621）	（4.1192）	（4.0502）	（4.3428）
Loss	0.0241	0.0267*	0.0279*	0.0261*
	（1.5366）	（1.6952）	（1.7649）	（1.6589）

续表

	（1）	（2）	（3）	（4）
	Lnpatent	Lnpatent	Lnpatent	Lnpatent
Lint	0.0201***	0.0198***	0.0206***	0.0200***
	（7.8345）	（7.7460）	（8.0011）	（7.8058）
_cons	-1.6117***	-1.5666***	-1.6149***	-1.6279***
	（-4.3508）	（-4.2983）	（-4.2349）	（-4.2740）
年度/行业/个体效应	YES	YES	YES	YES
N	18912	18912	18912	18912
adj. R^2	0.279	0.275	0.274	0.279

注：本节模型均控制了年份时间固定效应、行业虚拟变量；使用稳健标准误以控制异方差，括号内为 t 统计量；***、**、* 分别表示在 1%、5%、10% 的水平下显著。

（三）机制检验

为说明股权融资通过促进研发投入而缓解创新企业研发项目的融资约束，在模型（4-2）中引入企业研发投入和股权融资的交互项：

$$Lnpatent_{it} = \alpha_0 + \alpha_1 Treatpost_{it} + \alpha_1 Treatpost_{it} \times Lnrd_{it} +$$

$$\sum \beta_j Controls_{jit} + \gamma_i + \varphi_t + \varepsilon_{it} \qquad (4-3)$$

考虑研发投入的影响，股权投资对企业创新产生了正向显著影响。从表 4-6 中可以看出，研发投入与股权融资变量的交互项显著为正，表明研发投入越高的企业，股权融资对专利产出的激励效果越强，因此，股权融资可以促进研发向专利的转化。区分不同股权融资：剔除掉研发投入关联的影响，则与研发投入无关的上市融资、风险投资对创新产出的影响不显著。但是在 5% 的显著性水平下，风险投资与研发投入的交互项显著为正，即相较于其他股权融资，风险投资可以通过增加当期企业研发投入促进企业创新。

表 4-6 股权融资对企业创新的影响机制

	（1）	（2）	（3）	（4）
	Lnpatent	Lnpatent	Lnpatent	Lnpatent
Treatpost	0.0864**			
	（2.5425）			

续表

	（1）	（2）	（3）	（4）
	Lnpatent	Lnpatent	Lnpatent	Lnpatent
Treatpost×Lnrd	0.0192***			
	(3.0075)			
Treatpost1 上市融资		0.1065		
		(1.0108)		
Treatpost1×Lnrd		0.0215*		
		(1.7614)		
Treatpost2 风险投资			−0.0057	
			(−0.1015)	
Treatpost2×Lnrd			0.0310***	
			(2.9837)	
Treatpost3 非上市股权融资				0.1032***
				(2.8428)
Treatpost3×Lnrd				0.0101
				(1.2443)
Lnrd	0.0348***	0.0370***	0.0370***	0.0378***
	(12.6858)	(14.4776)	(14.1521)	(14.2212)
其他控制变量	YES	YES	YES	YES
年度/行业/个体效应	YES	YES	YES	YES
N	18912	18912	18912	18912
adj. R^2	0.28	0.27	0.27	0.28

注：模型控制了年份时间固定效应、行业虚拟变量；使用稳健标准误以控制异方差，括号内为 t 统计量；***、**、*分别表示在1%、5%、10%的水平下显著。

四、稳健性检验与异质性分析

（一）稳健性检验

利用 Baron 和 Kenny（1986）以及温忠麟等（2004）的逐步法检验程序

考察股权融资通过影响行业创新投入，进而影响企业技术创新的路径来进行机制检验。构建三方程模型如下：

$$Lnpatent_{it} = \alpha_0 + \alpha_1 Treatpost_{it} + \sum \beta_j Controls_{jit} + \gamma_i + \varphi_t + \varepsilon_{it} \quad (4\text{-}4)$$

$$Lnrd_{it} = \vartheta_0 + \vartheta_1 Treatpost_{it} + \sum \tau_j Controls_{jit} + \gamma_i + \varphi_t + \varepsilon_{it} \quad (4\text{-}5)$$

$$Lnpatent_{it} = \delta_0 + \delta_1 Lnrd_{it} + \delta_2 Treatpost_{it} + \sum \epsilon_j Controls_{jit} + \gamma_i + \varphi_t + \varepsilon_{it}$$

$$(4\text{-}6)$$

其中，方程（4-4）以股权融资为解释变量，与模型（4-2）相同；方程（4-5）以中介变量为被解释变量，可以分析股权融资对研发投入的影响，进而通过研发投入对创新产出造成一定的影响；方程（4-6）同时以股权融资和中介变量为解释变量。前文中实证研究部分已经证明 α_1 显著为正，因此，三方程模型只需要关注 ϑ_1 以及 δ_1 和 δ_2 的系数显著性及大小关系。只有 ϑ_1、δ_1 和 δ_2 均显著且 $\delta_2 < \alpha_1$，可以说明中介效应存在。

从表4-7中可以看出，第（1）列（b）行中，Treatpost 的系数 ϑ_1 显著为正，说明股权融资促进了 R&D 经费支出；第（1）列（c）行中，研发投入以及 Treatpost 均在1%的水平下显著，且 0.1557<0.1605，说明 R&D 中介效应存在，股权融资进入后通过增加企业的 R&D 支出促进了企业创新。相比没有获得股权融资的企业而言，获得股权融资企业的投入平均增加8.36%（股权融资的回归系数0.3094与研发投入均值3.6974之间的比值为0.0837）。

表4-7 股权融资对企业创新影响机制的稳健性检验（一）

(a)	(1)	(2)	(3)	(4)
	Lnpatent	Lnpatent	Lnpatent	Lnpatent
Treatpost$_i$	0.1605***	0.2464***	0.1124**	0.1293***
	(4.9414)	(2.8065)	(2.0428)	(3.5279)
(b)	Lnrd	Lnrd	Lnrd	Lnrd
Treatpost$_i$	0.3094***	0.445	0.3385*	0.1606
	(2.5846)	(0.286)	(1.7189)	(1.1209)

续表

(c)	(1) Lnpatent	(2) Lnpatent	(3) Lnpatent	(4) Lnpatent
Lnrd	0.0384*** (15.1104)	0.0384*** (0.00254)	0.0386*** (0.00254)	0.0387*** (15.2378)
Treatpost	0.1557*** (4.8850)			
Treatpost1 上市融资		0.223*** (2.5874)		
Treatpost2 风险投资			0.1045** (1.9605)	
Treatpost3 非上市股权融资				0.1336*** (3.7564)
Lnrev	0.0248*** (3.5750)	0.0250*** (3.6055)	0.0256*** (3.6810)	0.0253*** (3.6440)
Lnsub	0.0122*** (4.0681)	0.0125*** (4.1514)	0.0123*** (4.0826)	0.0123*** (4.0755)
Lntax	0.0168*** (5.6317)	0.0168*** (5.6610)	0.0173*** (5.7803)	0.0173*** (5.7708)
Dta	0.0229 (0.6628)	0.0153 (0.4410)	0.0074 (0.2112)	0.0111 (0.3192)
Age	0.0075* (1.8807)	0.0067* (1.6580)	0.0071* (1.7720)	0.0075* (1.8639)
Staff	0.1385*** (11.1305)	0.1381*** (11.0807)	0.1402*** (11.2402)	0.1404*** (11.2884)
CR	108.9148*** (4.3621)	100.7529*** (4.1192)	103.5190*** (4.0502)	108.8868*** (4.2711)
Loss	0.0241 (1.5366)	0.0267* (1.6952)	0.0279* (1.7649)	0.0276* (1.7532)

续表

（c）	（1）	（2）	（3）	（4）
	Lnpatent	Lnpatent	Lnpatent	Lnpatent
Lint	0.0201***	0.0198***	0.0206***	0.0204***
	（7.8345）	（7.7460）	（8.0011）	（7.9304）
年度/行业/个体效应	YES	YES	YES	YES
N	18912	18912	18912	18912
adj. R²	0.28	0.28	0.27	0.28

注：模型控制了年份时间固定效应、行业虚拟变量；使用稳健标准误以控制异方差，括号内为 t 统计量；***、**、*分别表示在1%、5%、10%的水平下显著。

区分不同股权融资渠道：三种股权融资的系数在方程（4-4）和方程（4-6）中均显著为正，但是方程（4-5）的系数不显著，表现为上市融资以及非上市股权融资对研发投入均不存在显著的积极影响。主要原因可能在于上市导致的股权分散加剧了企业股东与管理层之间的代理问题，而非上市股权融资资金则主要用于企业的稳健经营而非高风险的研发项目。在5%的显著性水平下，风险投资对创新产出的中介效应显著为正。该结果与使用交互项检验研发投入的中介效应的结果一致。上述结果验证了股权融资（主要是风险投资）通过影响企业研发投入的路径作用于企业创新的机理。

第一，使用面板 Tobit 模型，考虑到专利申请量以及研发投入量均是以零为下限的截尾变量，核密度图显示研发投入以及创新产出取对数后服从正态分布，认为专利申请量取零值和正值的机制一致，符合 Tobit 模型的前提假设。使用面板 Tobit 模型仍然发现股权融资对专利产出的显著性影响以及影响机制。

第二，解释变量滞后一期。如表4-8所示，对解释变量滞后一期，结果发现上一期股权融资对本期创新有显著的正向影响。同时，只有滞后一期的股权融资（风险投资）和研发投入的交乘项显著，说明上一期的股权融资（风险投资）通过促进研发投入促进创新。与前述回归结果结论一致。

表4-8　股权融资对企业创新影响机制的稳健性检验（二）

变量	解释变量的滞后项回归	变量	面板 Tobit 模型
L. Treatpost	0.1129*** (2.5907)	Treatpost	0.2595*** (3.6709)
Lnrd	0.0339*** (12.2700)	Lnrd	0.0740*** (14.4479)
L. Treatpost×Lnrd	0.0169** (2.3560)	Treatpost×Lnrd	-0.0021 (-0.2171)
L. Treatpost1	0.2532** (2.0237)	Treatpost1	0.0725 (0.5538)
Lnrd	0.0357*** (13.4548)	Lnrd	0.0737*** (15.3870)
L. Treatpost1×Lnrd	0.0155 (1.1632)	Treatpost1×Lnrd	-0.0018 (-0.1243)
Treatpost2	0.0031 (0.0472)	Treatpost2	-0.1081 (-0.8277)
Lnrd	0.0356*** (13.1971)	Lnrd	0.0706*** (14.9395)

续表

变量	解释变量的滞后项回归	
L. Treatpost2×Lnrd		0.0256** (2.2675)
L. Treatpost3	0.1039** (2.2945)	
Lnrd	0.0362*** (13.3143)	
L. Treatpost3×Lnrd	0.0072 (0.7566)	
其他控制变量	YES	YES
行业/年度/个体效应	YES	YES
N	16170	16170

变量	面板 Tobit 模型	
Treatpost2×Lnrd		0.0481*** (2.7030)
Treatpost3	0.4045*** (4.6215)	
Lnrd	0.0754*** (15.6624)	
Treatpost3×Lnrd	−0.0119 (−0.8922)	
其他控制变量	YES	YES
行业/年度/个体效应	YES	YES
N	18912	18912

注：以 L. 作为前缀的变量均为原变量的一阶滞后项；括号内为 t 值；***、**和*分别表示在 1%、5%和 10%的水平下显著。

（二）异质性分析

1. 按企业规模的分组检验

根据国家统计局"2014 年全国企业创新调查"，大型企业专利产出的数量和质量、R&D 投入的规模和强度均优于中小型企业。小企业由于创新资源稀缺，创新难度更大，更容易受到融资约束的影响。以总资产的中位数为标准，将样本一分为二，总资产大于中位数的为大规模企业，总资产小于等于中位数的为中小规模企业。

实证研究结果如表 4-9 所示：在 5% 的显著性水平下，中小规模企业获得股权融资以后，会促进其研发投入向创新产出的转化，主要表现为非上市股权融资对研发投入的激励进而影响创新产出。而风险投资对企业创新的影响则主要体现在大规模企业上。这说明中小规模企业获得股东增值后会进行相应的自主研发进而增加创新产出，而大规模企业获得风险投资后会依靠风险投资所提供的资金等资源进行研发活动并增加专利申请。

表 4-9　按企业规模的分组检验

	大规模企业		中小规模企业	
Treatpost	0.1029* (1.9132)		0.0609* (1.8042)	
Lnrd	0.0420*** (10.8584)		0.0189*** (7.2245)	
Treatpost× Lnrd	0.0118 (1.3825)		0.0221** (2.3943)	
Treatpost1 上市融资		−0.0071 (−0.0646)		0.0761 (0.9067)
Lnrd	0.0424*** (11.9089)		0.0213*** (8.2680)	
Treatpost1× Lnrd		0.0155 (1.2675)		−0.0316** (−2.4586)
Treatpost2 风险投资		0.0050 (0.0556)		0.0204 (0.3043)

续表

	大规模企业				中小规模企业			
Lnrd			0.0423***				0.0203***	
			(11.7507)				(7.8524)	
Treatpost2× Lnrd			0.0285**				0.0260*	
			(2.1901)				(1.9389)	
Treatpost3 非上市股权融资				0.1798***				0.0861**
				(3.1576)				(2.0894)
Lnrd				0.0443***				0.0195***
				(12.1264)				(7.4643)
Treatpost3× Lnrd				−0.0036				0.0270**
				(−0.3539)				(2.0409)
其他控制变量	YES	YES	YES	YES	YES	YES	YES	YES
年度/行业/个体效应	YES	YES	YES	YES	YES	YES	YES	YES
N	9732	9732	9732	9732	9180	9180	9180	9180
adj_R^2	0.24	0.24	0.24	0.24	0.08	0.08	0.09	0.08

注：括号内为稳健 t 统计量，*、**和***分别表示在 10%、5%和 1%的水平下显著。余表同。

2. 按企业年龄的分组检验

与成立时间较长的成熟型企业相比，初创型科技企业面临的研发融资约束可能更严重，所以企业年龄是影响企业股权融资效果的重要因素。以企业年龄的中位数 9 为分界线，成立时间小于等于 9 年的为成长型企业，成立时间大于 9 年的为成熟型企业。成长型企业可使用的现金流和资金有限、业务单一，依赖于无形资产，且其研发活动尚未通过留存收益增加资本金，导致其创新活动受限。

实证结果如表 4-10 所示：非上市股权融资对成长期企业创新有显著影响，而风险投资则显著影响成熟期企业创新，表现为风险投资通过促进成熟期企业研发投入激励创新产出，与按照企业规模分组的结论一致。

表 4-10　按企业年龄的分组检验

	成熟期企业 age>9				成长期企业 age≤9			
Treatpost	0.0910*				0.1006**			
	(1.8327)				(2.3439)			
Lnrd	0.0420***				0.0319***			
	(10.1362)				(9.4369)			
Treatpost×Lnrd	0.0118				0.0221**			
	(1.3825)				(2.3943)			
Treatpost1 上市融资		0.0189				0.0860		
		(0.1696)				(0.4978)		
Lnrd		0.0430***				0.0342***		
		(11.0929)				(10.7983)		
Treatpost1×Lnrd		0.0183				0.0283		
		(1.3030)				(1.5190)		
Treatpost2 风险投资			-0.1417				0.0704	
			(-1.5739)				(1.0089)	
Lnrd			0.0423***				0.0345***	
			(10.8904)				(10.7097)	
Treatpost2×Lnrd			0.0426***				0.0182	
			(3.1118)				(1.0164)	
Treatpost3 非上市股权融资				0.2031***				0.0890*
				(3.7405)				(1.7987)
Lnrd				0.0455***				0.0332***
				(11.6582)				(10.0804)
Treatpost3×Lnrd				-0.0087				0.0250*
				(-0.7791)				(1.9236)
其他控制变量	YES	YES	YES	YES	YES	YES	YES	YES
年度/行业/个体效应	YES	YES	YES	YES	YES	YES	YES	YES
N	8372	10540	8372	10540	8372	10540	8372	10540
adj_R^2	0.33	0.22	0.33	0.22	0.33	0.22	0.33	0.22

3. 按企业是否获得银行贷款的分组检验

在我国以银行为主导的金融体系下，银行授信是企业获取外部充足、稳定资金的主要来源，通过银行贷款，可以以较小的自有资金控制较大的现金流，稳固研发资金投入（马光荣等，2014）。因此，银行贷款也是创新活动的重要资金来源，按照企业是否获得银行贷款将样本分成两组。实证结果如表 4-11 所示：有银行贷款的企业获得外部股权融资资金支持后，因债权融资可以用于非创新项目的运营，推动企业将获得的股权融资（主要是风险投资）用于创新活动。

表 4-11　按是否获得银行贷款的分组检验

	有贷款的企业			没有贷款的企业		
Treatpost	0.0895*			0.0193		
	(1.8416)			(0.4820)		
Lnrd	0.0389***			0.0251***		
	(10.3954)			(6.3901)		
Treatpost× Lnrd	0.0143*			0.0195		
	(1.9527)			(1.2005)		
Treatpost1 上市融资		0.1126			−0.1221	
		(0.9079)			(−0.8063)	
Lnrd		0.0408***			0.0262***	
		(11.8665)			(7.0843)	
Treatpost1× Lnrd		0.0145			0.0349	
		(1.1387)			(0.7442)	
Treatpost2 风险投资			−0.0660			−0.0063
			(−0.7915)			(−0.1193)
Lnrd			0.0404***			0.0264***
			(11.6892)			(6.5578)
Treatpost2× Lnrd			0.0319**			0.0244*
			(2.4471)			(1.7130)
Treatpost3 非上市股权融资			0.1217**			0.0451
			(2.3217)			(0.9821)
Lnrd			0.0420***			0.0267***
			(12.0907)			(6.5274)

续表

	有贷款的企业				没有贷款的企业			
Treatpost3× Lnrd				0.0068				0.0067
				(0.7286)				(0.3937)
其他控制变量	YES	YES	YES	YES	YES	YES	YES	YES
年度/行业/个体效应	YES	YES	YES	YES	YES	YES	YES	YES
N	10802	10802	10802	10802	8110	8110	8110	8110
adj_R^2	0.28	0.28	0.28	0.28	0.19	0.19	0.18	0.18

4. 按照企业是否获得政府补贴的分组检验

由于创新活动的外部性，各国政府往往发布相应的政策支持企业创新活动。例如，通过研发补贴激励微观实体进行创新活动，也就是说，财政直接向企业提供研发资金的资助，通常以研发投入量的一个当期系数或者以研发投入量倍数加计成本支出进行补贴。这不仅有助于分担研发失败的风险，还可以通过溢出效应降低企业研发活动成本，并通过政府信用认证促进外部融资。表4-12实证结果显示：获得政府研发补贴的企业获得风险投资后研发能力有所提高，与风险投资对大规模企业、成熟期企业以及获得银行贷款的企业影响效果一致。原因可能在于我国风险投资的退出机制倾向于IPO退出，所以风险投资会通过对成熟型企业、有创新基础的企业进行投资和培育，通过助推其上市而实现退出。上市企业获取资金的渠道较广，在面对短期业绩压力时，倾向于进行技术购买和改造，而非上市股权融资则主要是股东用于企业稳健性运营的增资。

表4-12 按有无政府补贴的分组检验

	获得政府补贴的企业			没有获得政府补贴的企业		
Treatpost	0.0978			0.0672*		
	(1.6304)			(1.7638)		
Lnrd	0.0443***			0.0331***		
	(9.7723)			(10.3023)		

续表

	获得政府补贴的企业				没有获得政府补贴的企业			
Treatpost× Lnrd	0.0054 (0.5671)				0.0248*** (2.7637)			
Treatpost1 上市融资		0.1227 (0.8407)				0.0560 (0.4458)		
Lnrd		0.0450*** (10.7510)				0.0352*** (11.4285)		
Treatpost1× Lnrd		0.0076 (0.4499)				0.0315* (1.8097)		
Treatpost2 风险投资			−0.1166 (−1.1369)				0.0211 (0.2946)	
Lnrd			0.0438*** (10.1998)				0.0363*** (11.5032)	
Treatpost2× Lnrd			0.0307** (2.1491)				0.0232 (1.2689)	
Treatpost3 非上市股权融资				0.1657** (2.5722)				0.0683 (1.6317)
Lnrd				0.0363*** (11.5032)				0.0363*** (11.5032)
Treatpost3× Lnrd				−0.0067 (−0.5595)				0.0180 (1.5506)
其他控制变量	YES	YES	YES	YES	YES	YES	YES	YES
年度/行业/个体效应	YES	YES	YES	YES	YES	YES	YES	YES
N	6603	6603	6603	6603	12265	12265	12265	12265
adj_R^2	0.33	0.33	0.33	0.33	0.23	0.23	0.22	0.23

五、本节结论与建议

由于创新活动高风险以及外部性的特征，通过企业自身积累或者债权融资进行创新活动的资金投入额较低。而股权融资则由于独特的制度设计和风险承受能力，可以弥补债权融资的不足，提高企业创新决策的参与度，为企业创新活动提供稳定的资金支持。本节利用中关村自主创新示范区 2 万家高新技术企业十年观测数据检验股权融资对企业创新的影响效应和机制，区分了上市股权融资、风险投资和非上市股权融资对企业创新的不同影响。研究结果显示：股权融资有效促进了企业专利产出。进一步的分组检验结果显示：在中小规模企业、初创型企业以及没有政府补助的企业中，股权融资对创新的激励效应显著。在具体影响机制中，风险投资可以通过缓解企业研发项目的融资约束促进创新，但主要体现在具有获取创新资源（银行贷款或者政府补贴）能力的大规模以及成熟期企业中，而难以获取创新资源的初创型、中小规模企业则需要依赖于非上市股权融资渠道。因此，虽然风险投资常被作为一种有效的科技资源配置手段，但本节发现风险投资仅具有锦上添花的效果，要促进初创型企业推进创新项目，还需要采取一定的措施，促进风险投资前移，同时发挥财政资金以及非上市股权融资的作用。

本节的研究在理论和现实政策中都具有重要意义。一方面，本节从多种股权融资渠道出发研究股权融资对企业创新的影响，提供了新的视角和研究样本理解金融对企业创新的影响；另一方面，本节提供了政策资金对企业研发的经验证据，对于难以获得政策支持以及债权融资的小规模及初创型企业而言，应充分发挥非上市股权融资在缓解科技企业融资约束中的作用。政府需要设计并实施多种融资措施，如通过直接补贴、税收激励、小额信贷、完善场外股权交易市场等先行措施缓解企业融资约束，同时鼓励天使投资，以促进投资前移，更好地发挥股权融资对企业创新的作用。

第二节　银行贷款对企业创新的影响[①]

一、文献综述

熊彼特认为，现代化工业体系是通过创新得以建立和发展的，信贷在促

---

①　本节内容发表于《金融理论探索》2022 年第 2 期：崔静静，张晓娜. 银行贷款对企业创新的激励效应——基于中关村科技企业的实证检验［J］. 金融理论探索，2022（2）：33-47.

进技术创新和经济发展中具有不可忽视的作用。对于企业来说，创新活动所需的高科技设备以及雇用高技能工人需要大量的初始资本注入，因此，企业需要大量资金支持研发活动。中国企业家调查系统发布的"2021年中国企业家成长与发展专题调查报告"显示，66.6%的企业家认为"技术变化是影响企业发展的重要因素"，赞同企业创新活动是提高企业经济效益、增强企业竞争力的主要路径。然而该报告也显示外部融资成本和融资约束过高成为阻碍企业创新和发展的主要困难和压力（46.6%），主要表现在人工成本（62.1%）和资金紧张（35.8%）等方面。Ayyagari等（2011）主张利用包括国内外银行贷款在内的外部融资进行创新。但更多的研究者认为，以银行贷款为代表的债务融资在对涉及保密性技术的创新项目的融资上存在严重的信息不对称，因债务融资还本付息的压力对企业现金流的约束的存在，认为风险投资以及资本市场所带来的股权融资是支持企业创新的重要途径（Brown et al.，2012）。然而，虽然我国A股市场已经发展了30年，但我国仍然是以银行为主导的金融体系，根据人民银行发布的《2021年社会融资规模存量统计数据报告》，银行贷款解决了我国61%的社会融资需求，而企业债券、政府债券和股权融资仅为9.5%、16.9%和3%。同时，由于科创板的推出时间不长，国内资本市场在支持以创新为主要特征的新经济企业上存在明显不足（徐高，2019）。考虑到即使是像美国这样以股权为基础的金融体系中，风险投资只为很小一部分创业公司提供融资（Mulcahy，2013）。因此，对于新兴市场国家以及银行主导型金融体系的国家而言，银行贷款仍然是创新企业融资的重要渠道和创新活动的重要资金来源（Colombo and Grilli，2007；齐兰等，2013），尤其是对于初创型创新企业而言（Nanda and Nicholas，2014）。本节通过探讨银行贷款对企业创新的影响效应和机制，分析如何通过银行贷款激励企业开展研发创新进而实现技术能力的提升和获取创新经济效益，以此促进企业提高核心竞争力。

长期以来，学术界关于银行贷款对企业创新的影响的研究并未得到一致性结论。一些研究认为，银行贷款激励了企业创新。国外研究中：David等（2008）使用日本的数据，发现外部负债融资促进了企业研发投入。Aghion等（2012）使用法国公司层面的数据，发现信贷约束导致企业研发投资下降。Männasoo 和 Meriküll（2020）发现，在信贷约束下，中东欧国家的企业进行研发的可能性下降了 32%。国内研究中：马光荣等（2014）认为，银行授信通过缓解创新型企业的现金流约束增加企业研发投入。张璇等（2017）认为，银行贷款以抵押贷款和中长期贷款为主，与科技型企业研发投资的长期性相匹配，可以实现对技术研发所需持续稳定资金的补给。温军等（2011）则发现，银行贷款作为一种关系型债务，银行可以通过贷款监督等机制设计降低信息不对称，提高研发投入效率。袁礼和许涛（2019）研究发现，银行信贷能够有效促进企业技术创新。

另一些研究则发现，银行贷款对企业创新有抑制效应。鞠晓生（2013）认为，我国商业银行更偏重于对国有企业研发活动的支持。张杰等（2012）发现，对于大量的缺乏资金开展研发活动的非国有中小型企业来说，银行贷款抑制了企业 R&D 投入。肖海莲等（2014）发现，银行贷款对于 R&D 投资中的探索式创新投资（R）以及常规创新投资（D）都存在负向影响。林志帆和龙晓旋（2015）认为，由于银行贷款与企业创新之间存在风险—收益错配，在研发失败时，银行贷款面临无法回收本息的风险，而在研发成功时，也无法获得超额收益，导致银行不愿意为创新项目或者创新型企业提供融资支持。徐飞（2019）进一步研究发现，银行贷款会出于风险规避等原因诱使借款人从事低风险、低创新性的活动，从而降低企业研发倾向。

本节认为，存在不同观点的主要原因是使用的样本不同，且缺乏对创新过程的分析。现有研究几乎集中探讨银行贷款与技术研发的关系，而对于技术成果的经济开发则考虑不足。不同阶段的创新活动风险特征不同，技术研发活动的风险更大，而技术成果的经济开发则风险更小。而后者在微观数据中的信息明显不足，导致现有研究使用技术研发取代创新。与技术研发相比，中国大多数企业集中于具有明显商业化前景的新技术、新产品的开发上（郑世林等，2021）。从数据上看，根据 2019 年《高技术产业统计年鉴》，2018年，我国高技术产业 R&D 经费内部支出 3559 亿元。同期，高技术产业新产品开发经费支出 4689 亿元，同时，大中型高技术产业企业新产品开发经费也高于研发经费。基于上述分析，本节使用倾向得分匹配方法对样本数据进行处理，以应对可观测变量造成的内生性问题，同时使用中介效应模型，分析银行贷款对企业创新的影响机制。可能的创新有：①将企业创新过程分为技术研发阶段和技术成果转化阶段，分别分析银行贷款对企业技术研发和技术成果转化的不同影响效应和机制。Bircan 和 Haas（2020）使用俄罗斯银行支持企业技术应用的实践，说明银行贷款并没有激励研发活动，而是帮助企业采用新技术和新流程，获得贷款的企业要么直接寻求技术供应商要么直接外购专有技术。李后建和刘思亚（2015）利用2012年世界银行的中国企业调查数据发现，银行信贷对以新产品为代表的创新产出具有显著的正向效应，但是，他们并未对银行贷款影响新产品的机制进行分析。本节将在以上研究的基础上，将银行贷款对企业技术研发的影响分析扩展到技术成果转化上来。②使用可以代表科技型企业的中关村自主创新示范区微观企业数据，中关村科技企业与上市公司和规模以上工业企业这种具有一定规模效应和一定创新能力的企业不同，大多数为中小型未上市企业，可以与已有研究形成互补。

二、理论假设

根据融资优序理论，当企业内部资金难以满足创新活动所需资金时，企业会优先选择债权融资补充资金。但是创新活动的高风险性，研发活动的无形资产特征等也使得商业银行面临严重的信息不对称。为降低信贷风险，银行在贷款之前会考虑企业的担保品以及企业偿还本金和利息的能力，并根据贷款流程进行贷前调查、贷中管理和贷后监督。使得银行能够以更低的成本识别那些更有能力引导创新的企业家，以缓解创新项目由于信息不对称导致的逆向选择和道德风险问题（Benfratello et al.，2008）。同时，银行业的竞争和市场开放通过改善金融机构信贷配给，提高了商业银行的风险承受意愿，推动信贷资金流入科技企业。由于银行贷款具有金额大、贷款期限灵活、成本低以及持续稳定的特点，并且一般不需要企业披露研发细节，有利于保护企业的商业机密。因此，银行贷款有助于企业迅速进行资本积累，以促进创新活动的开展。借鉴 Roper 等（2008）创新价值链的思想，将创新过程划分为技术研发和成果转化两个阶段。技术研发阶段是以 R&D 投入为基础的研发创新，通过投入研究资金、研发人员等进行新知识、新技术的研究开发。在整个资金配置的过程中居于前端，不确定因素多、风险大。成果转化阶段则是将技术成果应用于生产可供市场销售的新产品（新服务等），以实现技术研发成果的商品化和产业化，最终获得经济收益。由于技术已经成型，成果转化阶段的风险相对较低。

（一）银行贷款对技术研发的影响

在信贷关系中，商业银行具有较强的谈判能力，以及在贷前信息收集、审核、识别方面具有比较优势和严格的贷后管理。例如，贷前针对企业的盈利能力、专业技术能力、产品的市场竞争力以及企业信用等信息进行审查。然后通过签订贷款合同保护自身利益，在企业取得借款后，银行对贷款资金的使用采取有效的约束和监督，以降低信贷风险。因此，银行贷款可以为企业技术开发进行设计、试验、测试等极大的资金需求提供支持和保障。王玉泽等（2019）、吴尧和沈坤荣（2020）均发现银行贷款对研发投入以及专利等创新产出有显著影响。

一般来说，在技术研发阶段，企业需要捕捉、筛选可行的创新意识和想法，通过规划、设计、立项、培育和孵化，开发出较为成熟的实验室产品，再经过后续的"小试"和"中试"，对产品进行小规模的实验和测试，对产品的可生产性、工艺、工序、生产环境及可靠性进行初步验证。银行贷款通过降低融资成本，监督管理创新项目降低信息不对称，有效配置信贷资源，提高资金配置效率，缓解融资约束，进而推动企业将资金从普通生产性投资配置到研发项目投资中去。解决科技企业在资金周转方面的后顾之忧，激励科技企业购置先进设备，配备实验人员，完善硬件环境。通过技术研发获得专利、专有技术等技术成果，进一步通过技术市场进行专利转让或者授权、许可从而实现创新收益。或者缓解因为研发而挤占的正常运营支出，使企业可以使用信贷资金采购新设备或者新技术，或者引进技术人员以改进现有的技术和生产工艺条件，进而通过生产技术水平的提升，实现新技术的突破，提升创新能力。

本节所选择的样本特征显示，技术研发表现为短期特征，而银行贷款也以短期或中期贷款为主，银行贷款周期恰好匹配技术研发周期。由此提出假设4.3：银行贷款通过缓解企业融资约束，促进了技术研发。

（二）银行贷款对技术成果转化的影响

创新活动的目的是将技术成果转化为新的最终产品。因此，在通过技术研发获取技术成果之后，仍然需要大量的资金投入以进行技术成果的转化。这个技术成果可能是企业自身开发的，也有可能是企业通过技术改造或者引进、消化吸收活动获取的，目的是进行新产品开发和推广。一旦拥有可以进行产业化转化的技术成果，就意味着企业即将创造市场价值。Francis 等（2012）发现，以专利为代表的创新产出可以降低信息不对称程度，进而降低企业债务融资成本。近年来，我国以知识产权质押贷款为代表的科技信贷的推广，使得拥有高质量技术成果的企业风险特征更低，更容易获得贷款。科技企业获得信贷支持后，可以投入成果转化中去，并利用信贷资金购买制造设备、专有技术以及聘用技术和销售人员进行新技术或者新产品应用开发。通过将信贷资金持续用于补给技术开发，满足企业在实验室阶段进行产品规划、开发、试验、优化、流程精简，以及成果转化阶段进行试产、应用、推广和增量生产过程中的资金需求，降低了该阶段的不确定性，进而对技术成果的产生和新产品试产试销起到促进作用，推动了企业创新活动的顺利进行。

因此，银行贷款可以不对技术研发进行融资，而是在技术研发完成以后在现有技术成果的基础上对企业进行融资支持，可以表现为商业银行利用知识产权质押等科信贷产品支持企业创新活动（Mann，2018），也可以是利用银行贷款补充互补性资产，实现技术成果的应用和推广，实现新产品的增量生产和商业化。一方面，通过银行贷款可以助力企业将引进或者改造的技术发展成熟，通过批量试产，对生产的工艺流程、管理模式等做进一步的完善，优化企业生产和技术条件，降低新产品开发风险。另一方面，企业可以以较小的自有资金"撬动"较大的资产和现金流，减少企业试产、应用、推广等过程中资金链断裂的风险，提高创新产品得以存活和保留的概率，帮助企业更好地开发、生产、销售新产品。直接在现有技术成果的基础上进行的应用转化可以有效降低新产品开发和推广风险，为企业带来稳定经济收益的周期更短。因此，相较银行贷款对技术研发阶段支持的不确定性，银行贷款更倾向于支持企业的技术成果转化。由此提出假设 4.4：银行贷款促进了技术成果转化。

三、实证研究设计

（一）模型构建

为了检验银行贷款对企业创新的影响，构建以下基础回归模型：

$$Input_{it} = \alpha_0 + \alpha_1 Lnloans_{it} + \alpha_j Controls + \alpha_{t,j} + \varepsilon_{i,t} \qquad (4-7)$$

$$Out_{it} = \beta_0 + \beta_1 Lnloans_{it} + \beta_j Controls + \beta_{t,j} + \varepsilon_{i,t} \qquad (4-8)$$

其中，$Input_{it}$ 为创新投入；Out_{it} 为创新产出；$Lnloans_{it}$ 表示企业 i 在 t 年的银行贷款；Controls 代表一系列企业层面和市场环境层面可能会对企业创新产生影响的控制变量；$\alpha_{t,j}$ 表示年份×行业固定效应，$\varepsilon_{i,t}$ 为随机误差项。

为了验证银行贷款对创新产出的影响机制，构建以下机制分析模型：

$$Out_{it} = \gamma_0 + \gamma_1 Lnloans_{it} + \gamma_2 Input_{it} + \gamma_j Controls + \gamma_{t,j} + \varepsilon_{i,t} \qquad (4-9)$$

中介效应模型的检验思路如下：首先，根据模型（4-7）与模型（4-8），检验银行贷款对创新投入和创新产出的影响，具体关注模型中 α_1 与 β_1 的系数。其次，检验银行贷款和创新投入同时对创新产出产生的影响，具体关注模型（4-9）中 γ_1 和 γ_2 的系数。若上述实证检验中 β_1、α_1、γ_1 和 γ_2 的系数皆显著，且为正，则证明创新投入在银行贷款对企业创新产出的影响中存在部分正向中介效应；若 β_1、γ_1 和 γ_2 显著，且为正，而 α_1 不显著，则证明创新投入在银行贷款对企业创新产出的影响中存在全部正向中介效应。

（二）变量定义

一是创新指标。使用创新投入产出指标衡量企业创新，不同阶段技术创新所需要的要素投入结构存在明显差异，创新产出的测度指标也会有明显区别。使用企业内部研发投入经费作为技术研发阶段的创新投入。使用扣除企业内部研发经费的企业内部用于创新活动经费作为成果转化阶段的创新投入。技术研发阶段的产出采用专利授权量表示。由于专利从申请到公开最长需要 18 个月，因此对专利授权数取对数处理后再进行滞后二阶处理。用新产品销售收入额作为成果转化阶段的产出指标。

二是银行贷款。分别以企业获得的银行贷款数额加 1 取自然对数以及企业是否获得银行贷款的虚拟变量作为度量指标。

三是控制变量。一般而言，成立年限较长的企业，相较初创企业拥有更为完善的财务制度和管理能力，以及一定规模的固定资产和无形资产，信息不对称程度相对较低。企业规模对企业创新也具有明显影响，大型企业拥有较高的资本规模及较大的市场份额，容易通过一定的规模效应，对企业创新产生正向激励作用。另外，参考 Ullah（2019）使用资产负债率和净资产收益率、减税额、出口额和行业赫芬达尔指数衡量企业偿债能力、盈利能力、政策支持力度、市场范围和市场结构。其中，政策支持不但可以直接充盈企业现金流，增加企业可用于创新活动的内部资金，还可以通过信号引导作用提升企业在市场的信息可信度，降低企业融资门槛。企业市场范围的扩大则会拓宽企业的渠道网络，提升营业利润，增强企业市场竞争力和创新能力。而行业赫芬达尔指数越高，该地区同行业的企业集中度越高，竞争关系越弱。具体变量定义如表4-13所示。

表 4-13　变量的定义

变量类型	变量名称	变量符号	变量定义
被解释变量	研发经费	Lnrd	（内部研发投入经费+1）取自然对数
	成果转化经费	Lnnord	（内部创新活动经费-内部研发投入经费+1）取自然对数
	专利授权量	Lnpatent	（专利授权量+1）取自然对数
	新产品销售收入	Lnnew	（新产品销售收入+1）取自然对数
解释变量	银行贷款	Lnbloans	（银行贷款额+1）取自然对数
控制变量	企业成立年限	age	收集数据年份-企业常理年份
	总资产	asset	（总资产+1）取自然对数
	资产负债率	dta	总负债/总资产
	净资产收益率	ROE	税后利润/净资产×100%
	减税额	taxre	（减税额+1）取自然对数
	出口额	lnexport	（出口额+1）取自然对数
	市场结构	HHI	赫芬达尔指数
	股权融资	OEF	虚拟变量，企业当年获得股权融资取1，否则为0

（三）数据来源和处理

本节数据来自北京市统计局对 2006～2015 年中关村科技企业的调查数据[1]，作为国家第一个高新技术产业园区和建设全国科创中心的重要载体，中关村不但聚集了大量高端创新要素和支持科技创新的金融资源，而且肩负着引导金融资源向科技领域配置、促进科技与金融结合发展，进而引领全国走创新发展道路的重任。多年来，中关村不断完善科技企业债务融资市场，为科技型企业债务融资开辟了市场，建立了为科技企业服务的科技金融事业部、特色支行等机构，增强了对科技企业的服务功能，为符合条件的企业提供银行信贷创新产品业务（信用贷款、知识产权质押贷款、股权质押贷款及贸易融资等类型的信贷融资）。进一步地，中关村不但是多种银行贷款政策的试点地区，且配有极为全面的银行网点分布网络，并设置有较多专为科技企业提供融资服务的科技金融专营组织机构，为企业提供了极为便利的债务融资环境。中关村管委会还为符合银行信贷创新融资支持条件的中小微企业，按照一定比例给予贷款贴息。此外，中关村科技企业同时涵盖上市和非上市公司，样本范围的广阔性也使该数据具备更高的代表性。在进行实证研究之前，首先对样本企业数据进行第一次处理：删除样本中总资产小于零、总资产小于总负债、总资产小于无形资产、资产负债率小于零、总负债小于零和员工总人数等于零的样本。为了减少回归结果偏差，本节同样将金融行业企业数据进行删除，并对所有连续性变量进行上下 1% 的截尾处理，初步获得样本数据 117755 个。

相较其他外部融资机构，银行可以借助信息生产和识别方面的优势，有目的性地选择具有一定抵押资产作为担保或者具有较强盈利能力和创新能力的企业提供资金融通，这就容易导致回归结果因具有一定的选择性而产生偏差。因此，使用 PSM 作为二次筛选数据的方法，将特征相近的处理组和控制组样本数据进行匹配，确保筛选出的配对企业数据除了在是否获得银行贷款这一点存在不同之外，其他的控制变量，如企业性质、决策及市场环境等方面都尽量接近，一定程度上避免模型设定错误或遗漏可测变量而导致的内生

---

① 该数据 2015 年以后已不再更新公开，所以本节的数据截止到 2015 年。

性问题。PSM 的主要思想为构造与处理组除是否获得银行贷款外其余特征均尽可能相近的对照组，两者之差即为处理效应。即：

$$E(Y_i) = E(Y_i^1 \mid B=1) - E(Y_i^0 \mid B=1) \qquad (4-10)$$

公式（4-10）中 Y_i 为结果变量，无论企业是否获得银行贷款，该结果都可被观测到；B 为处理变量，企业获得银行贷款则取值为 1，否则为 0；Y_i^0 表示获得贷款的企业在假定未获得贷款情况下的创新水平，但该结果难以被观测到。因此，通过选取与结果变量和处理变量具有相关性的可测变量 X，借助倾向得分，将该多维变量 X 的信息压缩到一维，即：

$$E(Y_i) = E[Y_i^1 \mid B=1, P_i^1(X=\{x_i\})] - E[Y_i^0 \mid B=0, P_i^0(X=\{x_i\})]$$
$$(4-11)$$

公式（4-11）中 P_i^1 表示在变量集合的处理组中企业获得银行贷款的概率，P_i^0 表示在与处理组倾向得分最接近的对照组中企业获得银行贷款的概率。通过这种方式，可以在满足其他特征尽可能相似的条件下，通过观察处理组和对照组企业在创新水平上表现的差异，获得银行贷款对企业创新活动影响的净效应。本节的研究对象为非平衡面板数据，所以在研究中首先要考虑时间效应，在匹配后使用双向固定效应，即 PSM-FE 方法。

本节分别按照企业是否获得银行贷款进行分组，将获得银行贷款的企业归入处理组，未获得银行贷款的企业归入控制组，使用所有控制变量作为匹配变量计算两组的倾向得分，并分别将创新投入、创新产出作为结果变量，进行最近邻无放回 1∶1 匹配，分别得到样本数据 28570 个、22050 个、29068 个。图 4-1 显示的是样本数据匹配前后的核密度图①。从图 4-1 中可以发现，在使用 PSM 方法对数据进行二次处理后，处理组和控制组的拟合效果明显得到优化。

---

① 鉴于三种结果变量匹配后样本数据核密度图的拟合效果较为类似，因此本文使用得到样本数据最多的、以新产品销售收入作为结果变量进行匹配后的核密度图代表总体样本数据的拟合图，描述性统计部分同上。

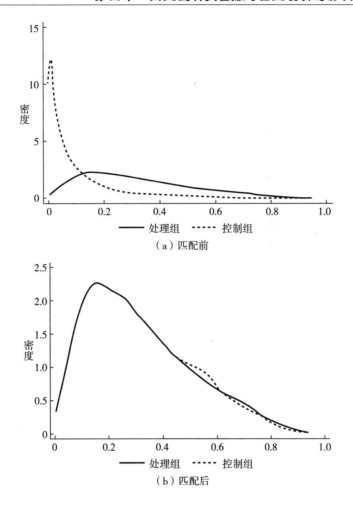

图 4-1　总体样本匹配前后的 P-Score 拟合图

（四）描述性统计

表 4-14 显示的是进行倾向得分匹配后的主要变量的基本统计特征。通过对相应变量的虚拟变量的描述统计发现，匹配前的样本中，70%的企业有创新投入，其中 42%的企业有研发经费投入，51%的企业有成果转化经费投入。而匹配后的样本结果显示，有研发经费投入和有成果转化经费的企业占样本比例有微弱下降，分别为 40%和 69%，但与匹配前的比例基本持平，说明了匹配结果的适当性。银行贷款虚拟变量显示匹配前有 15%的观测值获得

银行贷款，匹配后 50% 的观测值获得银行贷款。同时，方差膨胀因子检验显示各变量之间的 VIF 值均小于 4，排除了多重共线性可能对回归结果产生的干扰。

表 4-14　主要变量的基本统计特征

变量	观测值个数	均值	标准差	最小值	最大值
银行贷款虚拟变量（bank_dum）	29068	0.5000	0.5000	0	1.0000
银行贷款（Lnbloans）	29067	4.4787	4.6795	0	11.8494
研发经费虚拟变量（rd_dum）	29068	0.3979	0.4895	0	1.0000
研发经费（Lnrd）	28470	3.3447	4.1810	0	14.3564
成果转化经费虚拟变量（nord_dum）	27326	0.6931	0.4612	0	1.0000
成果转化经费（Lnnord）	27329	5.5182	3.9844	0	14.2904
专利授权量（Lnpatent）	21935	0.4167	0.8881	0	6.3226
新产品销售收入（Lnnew）	29068	3.6418	5.0501	0	12.7896
企业成立年限（age）	29068	11.7178	7.3174	1	76.0000
总资产（asset）	29068	11.4424	1.5810	5.3613	14.5631
资产负债率（dta）	29068	0.5108	0.2457	0.0082	0.9739
净资产收益率（ROE）	29068	−0.0553	0.4637	−4.3538	0.7953
减税额（taxre）	29068	3.6131	3.7416	0	9.9252
减税虚拟变量（Tax_sum）	29068	0.5255	0.4993	0	1
出口额（lnexport）	29068	1.3707	2.9508	0	9.6101
出口虚拟变量（export_dum）	29068	0.1930	0.3946	0	1
市场结构（HHI）	29068	0.0007	0.0016	0	0.0095
股权融资（OEF）	29068	0.0194	0.1381	0	1

注：减税额大于 1 时将税收减免虚拟变量记为 1，否则为 0。出口额大于 1 时将出口虚拟变量记为 1，否则为 0。股权融资变量的定义为样本期内获得过一次及以上股权融资记为 1，否则为 0。税收虚拟变量、出口虚拟变量和股权融资是为了检验在不同的政策支持、市场范围以及股权融资情形下银行贷款对创新的不同影响。

从表 4-15 中可以看出，所选择的 29068 个样本观测值中，5309 个企业有研发投入数据，5651 个企业有贷款数据，7920 个企业有成果转化经费数据。其中，52.6% 的企业仅有一年研发投入，43.6% 的企业获得一年期贷款，

45.6%的企业仅有一年成果转化信息。有连续三年及以上研发活动的企业占比不足30%，约45%的企业获得了1~5年的中期贷款。由此可见，企业的创新活动并未表现出长期持续性的特征，而银行贷款的支持也以三年以内的短期及中期贷款为主。由此说明，银行贷款恰好可以支持企业短期创新活动，表现为对技术研发和成果转化两个方面的影响效应。

表4-15 样本中企业创新投入以及银行贷款周期

连续次数	研发投入周期		银行贷款周期		成果转化周期	
	连续企业数（个）	占比（%）	连续企业数（个）	占比（%）	连续企业数（个）	占比（%）
1	2790	52.6	2464	43.6	3615	45.6
2	1090	20.5	1110	19.6	1537	19.4
3	627	11.8	808	14.3	1139	14.4
4	252	4.7	385	6.8	597	7.5
5	178	3.4	277	4.9	371	4.7
6	120	2.3	181	3.2	258	3.3
7	98	1.8	154	2.7	239	3.0
8	76	1.4	119	2.1	108	1.4
9	68	1.3	145	2.6	55	0.7
10	8	0.2	7	0.1	1	0
11	2	0	1	0	0	0

四、实证结果分析

（一）银行贷款影响企业创新的基准回归分析

表4-16分别为以创新投入和创新产出作为被解释变量的回归结果，在四组回归结果中，银行贷款的系数皆在1%的水平上显著为正，表明银行贷款作为企业外部融资最主要的来源，可以通过缓解企业面临的融资约束，促进企业创新投入，提升技术成果产出和商业化转化，假设4.4得到验证。从影响系数上看，银行贷款对技术成果应用经费和新产品销售收入的影响效果更大，从而说明银行贷款确实更倾向于支持技术成果转化。

控制变量中，随着企业成立年限的增加，企业研发流程和管理制度逐步实现规范和优化，创新能力得到积累，创新水平得到提升。大规模企业容易形成规模经济为企业带来重要的竞争优势，推动企业创新。政策支持显著改善了企业的融资环境，缓解了企业的融资约束，对企业创新投入和创新产出均产生较为显著的激励作用。市场范围的扩大提升了企业市场影响力和客户信任度，推动了企业创新发展，以上变量与前文预期均相符。相反地，市场结构的系数显著为负，表明市场竞争程度越大，越有利于企业创新。

表 4-16 银行贷款对企业创新活动影响的回归结果

变量	研发经费	成果转化经费	专利授权量	新产品销售收入
Lnbloans	0.0296 *** (3.9837)	0.0407 *** (6.4433)	0.0110 *** (5.4521)	0.0847 *** (9.2320)
age	0.0308 *** (4.9163)	−0.0199 *** (−3.7452)	0.0075 *** (3.2462)	0.0266 *** (3.6317)
asset	0.3424 *** (11.3399)	−0.0011 (−0.0875)	0.1066 *** (12.8140)	0.0997 *** (5.2299)
dta	0.1821 (1.3548)	0.2835 *** (29.8865)	−0.0592 * (−1.6507)	0.2643 *** (21.3548)
ROE	0.0691 (1.2443)	−1.0390 *** (−8.5245)	−0.0711 *** (−4.4073)	−0.2027 (−1.2208)
taxre	0.1852 *** (17.9057)	−0.0209 (−0.8157)	0.0267 *** (9.7389)	−0.0001 *** (−3.7478)
lnexport	0.0794 *** (5.1473)	−0.0880 (−1.4283)	0.0279 *** (5.7520)	0.2259 *** (3.4135)
HHI	−90.0895 *** (−3.5206)	−172.2722 *** (−7.2689)	−19.2323 *** (−3.0075)	−177.3091 *** (−5.6514)
常数项	−3.3828 *** (−9.1575)	0.4713 (1.4612)	−1.1435 *** (−14.2909)	0.4315 (1.3048)
年份×行业固定效应	YES	YES	YES	YES
N	28567	27442	22050	29063
adj-R^2	0.2168	02657	0.1736	0.2831

注：*、** 和 *** 分别表示在 10%、5% 和 1% 的水平下显著；括号中是经过聚类稳健标准误调整的 t 值。余表同。

为了进一步验证银行贷款对企业创新发展不同阶段的促进效果是否受到其他因素的干扰和影响，选取企业出口虚拟变量、税收减免虚拟变量以及股权融资虚拟变量与银行贷款变量的交互项分别引入主回归模型，考察市场环境、政策与股权资金支持是否会对银行贷款与企业创新的关系产生影响。

　　表4-17的回归结果显示，银行贷款与政策支持、银行贷款与股权融资指标的交互项同样显著为正，表明银行贷款对企业创新不同阶段的促进作用随着企业扩大海外市场、获得政府扶持以及股权融资程度增加而增大。从系数上看，有出口的企业的交乘项对企业创新的影响系数分别为 0.1042、0.0395、0.0321、0.1529，表明在其他条件均不发生改变的情况下，贷款额每增加 10%，企业研发经费、成果转化经费、新产品销售收入平均增加 1.042%、0.395% 和 1.529%，企业专利授权量平均增加 0.321%。企业出口对技术研发的激励效果更大，说明企业可以通过出口学习先进的研发理念和技术知识，了解新产品与服务的市场需求，推动其自主研发。同时，有减税、股权融资的企业，银行贷款的增加也会显著激励企业创新。减税和股权融资对企业技术研发的激励效果更大。说明企业获得的政策支持越多，越能从股权融资渠道获得资金支持，融资约束越小，越愿意将从银行借来的资金投入研发活动中。原因是获得政策支持和股权融资的企业代表其投资的创新项目更优质，从银行获得稳定性资金的可能性更大，与李汇东等（2013）发现政策支持对债权融资与公司创新投资之间的关系存在显著的正向调节作用的结论一致。而股权融资由于独特的制度设计和风险承受能力，可以弥补债务融资手续繁杂、对抵押物和信用要求较高的不足，从而提高企业研发创新的积极性和参与度。在对创新产出的影响系数上，则都表现为银行贷款对新产品销售收入的影响更大。综上所述，银行贷款偏重于风险程度更小，不确定性更低的技术成果转化阶段的支持。

表 4-17　在企业和市场环境特征条件下银行贷款对企业创新活动的影响

变量	研发经费	成果转化经费	专利授权量	新产品销售收入
export_dum×lnbloans	0.1042*** （5.6442）	0.0395*** （2.6500）	0.0321*** （5.7761）	0.1529*** （7.4505）
Tax_dum×lnbloans	0.0439*** （3.9800）	0.0329*** （4.2031）	0.0124*** （4.4927）	0.1117*** （9.2131）
OEF×lnbloans	0.0367*** （2.6211）	0.0193* （1.7968）	0.0125*** （2.8743）	0.0763*** （5.3690）
控制变量	YES	YES	YES	YES
年份×行业固定	YES	YES	YES	YES
N	21593	20676	22050	29063

注：*、**和***分别表示在10%、5%和1%的水平下显著；模型中使用了个体层面聚类的稳健标准误，括号内为t值。12个模型中只列出交乘项结果，其他控制变量的结果省略。

（二）银行贷款影响企业创新的机制分析

前文的实证结果显示，银行贷款对企业创新活动具有显著的促进作用，对于企业来说，若想通过创新提升自身的核心竞争力，就需要借助银行贷款提供的持续稳定的现金流，源源不断地对创新投入进行补给，满足技术研发阶段和技术成果转化阶段的资金需求。为了考察创新投入在银行贷款对创新产出的影响中是否发挥了一定的渠道效应，分别就研发经费和成果转化经费的中介效果进行实证检验。

表 4-18 的实证结果显示，两组回归分别就研发经费对专利授权量以及成果转化经费对新产品销售收入可能存在的中介效应进行了分析。其中，第（1）列和第（3）列的回归结果为研发经费对专利授权量的中介效应回归中，α_1 系数为 0.0350，β_1 的系数为 0.0110、γ_1 的系数为 0.0093，γ_2 的系数为 0.0482。成果转化经费对新产品销售收入的中介效应回归中，α_1 系数为 0.0428，β_1 的系数为 0.0847、γ_1 的系数为 0.0772，γ_2 的系数为 0.2219。两组回归中 α_1、β_1、γ_1 和 γ_2 系数皆显著为正，且第（3）列和第（6）列中银行贷款变量的系数均小于第（1）列和第（4）列中银行贷款变量的系数，验证了创新投入在银行贷款对企业创新产出的影响中存在部分正向中介效应，即银行贷款通过促进研发经费投入，有效激励了技术成果产出，并通过为技

术成果应用提供资金支持，促进了新产品销售收入。同时，银行贷款对技术成果转化的影响效应更大，说明商业银行确实存在对技术研发的低激励以及对技术成果转化的高激励。

表4-18　银行贷款对企业创新的机制分析回归结果

模型	（1）	（2）	（3）	（4）	（5）	（6）
变量	专利授权量	研发经费	专利授权量	新产品销售收入	成果转化经费	新产品销售收入
Lnbloans	0.0110*** (5.4521)	0.0350*** (4.0327)	0.0093*** (4.8016)	0.0847*** (9.2320)	0.0428*** (6.7519)	0.0772*** (8.5201)
Lnrd			0.0482*** (19.0618)			
lnnord						0.2219*** (23.1296)
age	0.0075*** (3.2462)	0.0309*** (3.9569)	0.0060*** (2.8445)	0.0266*** (3.6317)	−0.0194*** (−3.5801)	0.0288*** (4.0710)
lnexport	0.0279*** (5.7520)	0.0744*** (4.2444)	0.0242*** (5.2467)	0.0997*** (5.2299)	0.0003 (0.0259)	0.0909*** (4.8284)
asset	0.1066*** (12.8140)	0.3532*** (9.4626)	0.0922*** (11.6978)	0.1021*** (2.8238)	0.1778*** (6.1652)	0.0510 (1.4239)
taxre	0.0267*** (9.7389)	0.1838*** (14.8610)	0.0175*** (6.7184)	0.2643*** (21.3548)	0.2929*** (30.1528)	0.1990*** (16.0234)
dta	−0.0592* (−1.6507)	0.2103 (1.2829)	−0.0691** (−1.9900)	−0.2027 (−1.2208)	−1.0113*** (−8.2978)	0.0233 (0.1408)
HHI	−19.2323*** (−3.0075)	−61.4189* (−1.8688)	−16.5893*** (−2.6889)	−177.3091*** (−5.6514)	−169.1845*** (−7.3949)	−142.4311*** (−4.6879)
ROE	−0.0711*** (−4.4073)	0.1373* (1.9247)	−0.0802*** (−5.0580)	0.2259*** (3.4135)	−0.0249 (−0.4067)	0.2315*** (3.5125)
常数项	−1.1435*** (−14.2909)	−3.2697*** (−9.5137)	−1.0104*** (−13.6061)	0.4315 (1.3048)	0.1109 (0.4337)	0.6340* (1.9280)

续表

模型	(1)	(2)	(3)	(4)	(5)	(6)
变量	专利授权量	研发经费	专利授权量	新产品 销售收入	成果 转化经费	新产品 销售收入
年份×行业固定	Yes	Yes	Yes	Yes	Yes	Yes
N	22050	21593	21593	29063	28464	28464
adj-R^2	0.1889	0.2146	0.2426	0.2831	0.2162	0.3075

注：＊、＊＊和＊＊＊分别表示在10%、5%和1%的水平下显著；模型中使用了个体层面聚类的稳健标准误，括号内为 t 值。

五、稳健性检验与异质性分析

（一）基础回归的稳健性检验

使用 PSM 对样本进行筛选以及双向固定效应后，已经对数据可能存在的内生性问题进行了控制，但仍可能存在以下现象：银行贷款促进了企业的创新，但创新性越强的企业，越可能成为银行放贷的优选对象，即企业的创新能力吸引银行选择对其进行贷款投放的反向因果现象。本节使用以下方法解决该类样本选择问题。

1. 将解释变量和控制变量滞后一期

参考张传财和陈汉文（2017）的方法，对所有解释变量和控制变量进行滞后一期处理，被解释变量不变。如表 4-19 显示，在解决了互为因果的内生性问题的条件下，相较主回归，银行贷款一阶滞后项对技术研发阶段研发经费的促进作用有所增加，表 4-16 第（1）列显示银行贷款的系数为0.0296，第（1）列滞后一期银行贷款的系数变为 0.0322；同时，银行贷款滞后一期后，对成果转化经费的促进作用相对降低，从表 4-16 第（2）列显示的 0.0407 下降到表 4-19 第（2）列的 0.0390；对比表 4-16 的第（3）列和表 4-19 的第（3）列发现，银行贷款滞后一期以后对成果转化阶段的专利授权量的促进作用稍有增加，对比表 4-16 的第（4）列和表 4-19 的第（4）列，银行贷款的滞后与否对新产品销售收入的影响变化不大。总的来说，可以证明主回归结果的稳健性。

表4-19 银行贷款对企业创新的稳健性检验1

模型	（1）	（2）	（3）	（4）
变量	研发经费	成果转化经费	专利授权量	新产品销售收入
L. Lnbloans	0.0322***	0.0390***	0.0130***	0.0879***
	(3.7240)	(5.2518)	(5.9366)	(8.2341)
年份×行业固定	YES	YES	YES	YES
N	24542	23518	21827	25058
adj-R²	0.1973	0.2268	0.1750	0.2779

注：*、**和***分别表示在10%、5%和1%的水平下显著；模型中使用了个体层面聚类的稳健标准误，括号内为t值。

2. Heckman 两步法

本节所选择的样本数据中，由于很难收集所有进行研发投资活动公司的研发数据以及并不是所有的上市企业都愿意披露公司专利申请和研发情况，因此导致被解释变量企业创新存在样本选择偏误。借鉴余琰和李怡宗（2016）、蔡竞和董艳（2016）等的方法，使用 Heckman 两步法解决被解释变量的样本选择问题。模型如下：

$$\text{Probit}(\text{Innovation}_{it}) = \lambda + \lambda_i \text{Controls}_i + \alpha_i + \delta_t + \varepsilon_{it} \quad (4\text{-}12)$$

$$\text{Innovation}_{it} = \theta + \theta_1 \text{lbloans}_{it} + \text{LAMBDA}_{it} + \varphi_i \text{Controls}_i + \alpha_i + \delta_t + \varepsilon_{it} \quad (4\text{-}13)$$

模型（4-12）是用来估算企业是否披露研发信息的二值选择模型。其中，Innovation_{it} 表示公司 i 在 t 年是否披露研发信息的虚拟变量，公司披露为1，否则为0。Controls 仍表示上文提到的所有控制变量。δ_t 和 α_i 分别表示年份、行业固定效应。模型（4-13）表示控制了被解释变量样本选择后的估计模型，LAMBDA 为经过模型（4-12）估计的样本公司的逆米尔斯比率。

表4-20 为利用 Heckman 两步法解决了被解释变量自我选择问题的回归结果，逆米尔斯比率系数显示在1%的显著性水平上拒绝不存在被解释变量选择偏误的假设，即原模型确实存在选择偏误。在表4-20 的四个模型中，银行贷款对企业创新各阶段影响的系数分别为0.0064、0.0095、0.0105、0.0068，相较主回归均降低，但所有系数均为正，且显著性不变，表明该方法较好地控制了样本选择问题，在排除了被解释变量的选择偏误后，回归结

果仍保持稳健。

表 4-20　银行贷款对企业创新的稳健性检验 2

模型	（1）	（2）	（3）	（4）
变量	研发经费	成果转化经费	专利授权量	新产品销售收入
Lnbloans	0.0064 ***	0.0095 ***	0.0105 ***	0.0068 ***
	（9.3434）	（18.3766）	（11.3871）	（13.4522）
LAMBDA	−0.6556 ***	−0.1749 **	−0.8515 ***	0.4687 ***
	（−3.8747）	（−2.0739）	（−3.3229）	（2.6562）
年份×行业固定	YES	YES	YES	YES
N	113522	113522	113554	113529

注：＊、＊＊和＊＊＊分别表示在 10％、5％和 1％的水平下显著；模型中使用了个体层面聚类的稳健标准误，括号内为 t 值。

（二）中介效应的稳健性检验

为了验证创新投入在银行贷款对企业创新产出的影响效应和机制是否具有稳健性，构建模型（4-14），构建调节效应模型如下：

$$Out_{it} = \theta_0 + \theta_1 bank\text{-}dum_{it} + \theta_2 Input_{it} + \theta_3 bank\_dum_{it} \times Input_{it} + \theta_j Controls + \theta_{it} + \varepsilon_{it}$$

$$(4\text{-}14)$$

表 4-21 结果显示：银行贷款虚拟变量与创新投入变量交互项的系数为 0.0834，与成果转化经费变量交互项的系数为 0.2845，且均在 1％的水平下显著为正，说明有银行贷款的企业，创新投入越多，对创新产出的激励效果就越大。另外，调节效应的系数均小于直接效应[①]，说明银行贷款对创新产出的促进作用有一部分被创新投入所分担，即银行贷款确实通过对创新投入的持续补给进而促进了企业创新产出，进一步证实了创新投入在银行贷款对研发阶段的技术成果和成果转化阶段的创新收益的促进影响中发挥了一定的渠道效应。

---

① 在专利授权量对银行贷款的回归中，调节效应的系数为 0.0834，小于直接效应系数 0.1451；在新产品销售收入对银行贷款的回归中，调节效应的系数为 0.2845，小于直接效应的系数 0.7037。

表 4-21　银行贷款对企业创新影响的稳健性检验结果

模型	(1)	(2)	(3)	(4)
变量	直接效应 专利申请量	调节效应 专利申请量	直接效应 新产品销售收入	调节效应 新产品销售收入
bank_dum	0.1451*** (7.2574)		0.7037*** (9.0667)	
Lnrd	0.0727*** (23.5486)		0.2220*** (23.1304)	
Lnrd×bank_dum		0.0834*** (22.1776)		
Lnnord×bank_dum				0.2845*** (24.0063)
age	0.0029 (1.1572)	0.0028 (1.0967)	0.0286*** (4.0260)	0.0285*** (4.0132)
lnexport	0.0125** (2.3821)	0.0116** (2.2195)	0.0916*** (4.8591)	0.0921*** (4.9002)
asset	0.0952*** (10.6617)	0.0939*** (10.5252)	0.0870** (2.4326)	0.0816** (2.2915)
taxre	0.0310*** (9.5145)	0.0312*** (9.5626)	0.1995*** (16.0594)	0.1995*** (16.0818)
dta	0.0219 (0.5124)	0.0202 (0.4713)	0.0765 (0.4634)	0.0461 (0.2790)
HHI	-24.7710*** (-3.5899)	-25.2487*** (-3.6422)	-140.7866*** (-4.6372)	-140.8894*** (-4.6409)
ROE	-0.0543*** (-2.8579)	-0.0554*** (-2.9009)	0.2351*** (3.5699)	0.2254*** (3.4353)
常数项	-1.2803*** (-14.3470)	-1.1952*** (-13.5021)	0.1934 (0.5854)	0.5550* (1.6940)
年份×行业固定	YES	YES	YES	YES
N	21593	21593	27324	27324
adj-R^2	0.27	0.27	0.30	0.29

注：*、**和***分别表示在10%、5%和1%的水平下显著；模型中使用了个体层面聚类的稳健标准误，括号内为 t 值。

（三）银行贷款结构的异质性分析

Cipollini 和 Fiordelisi（2009）从银行和企业之间的信息不对称性得出，银行会倾向于将中长期贷款发放给信用优质的企业，将短期贷款发放给信息不对称度更高的新兴企业。Xin 和 Zhang（2017）发现，就具体产业而言，在以银行信贷为主导的间接金融体系中，长期贷款的增加有助于促进外部融资依赖型产业的研发创新活动，而短期贷款的增长会在一定程度上抑制外部融资依赖型产业的研发创新活动。张璇等（2017）、吴尧和沈坤荣（2020）也认为，相较短期贷款，银行贷款的长期性可以显著促进企业创新。但张杰等（2016）研究发现，中国房地产部门投资的增长会占用金融体系长期贷款，从而使得企业创新活动只能更多使用短期贷款。

为进一步分析银行贷款对企业创新的影响，单独分析银行贷款对制造业企业两阶段创新过程的影响。根据国家统计局对高技术行业（制造业）的分类①，将制造业企业分为高技术行业企业与低技术行业企业。实证结果显示：银行贷款难以激励高技术产业的研发投入，但却显著促进了高技术产业的成果转化。我国一直存在技术转化难题，原因既有技术成果市场转化价值不足等问题，也有融资约束等原因导致商业化所需的互补性资产不足等问题。银行贷款不仅可以为高技术产业企业成功转化提供资金支持，而且其严格的贷前审查也可以识别高质量的技术成果。而对于低技术产业，银行贷款不仅促进了企业研发投入，对成果转化的影响也显著为正。由于高技术产业的研发活动不确定性更高，企业更倾向于使用内部资金、政府支持以及股权融资途径缓解研发活动的融资约束。

银行贷款对企业创新的分组回归结果如表 4-22 所示。

---

① 国民经济行业中 R&D 投入强度（即 R&D 经费支出占主营业务收入的比重）相对较高的制造业行业包括医药制造，航空、航天器及设备制造，电子及通信设备制造，计算机及办公设备制造，医疗仪器设备及仪器仪表制造，信息化学品制造等 6 大类。

表4-22　银行贷款对企业创新的分组回归结果

模型	高技术产业（制造业）					
	(1)	(2)	(3)	(4)	(5)	(6)
变量	专利申请量	研发经费	专利申请量	新产品销售收入	成果转化经费	新产品销售收入
Lnbloans	0.0150**	0.0078	0.0146**	0.0499*	0.0389***	0.0462*
	(2.5424)	(0.3832)	(2.5314)	(1.8457)	(2.6324)	(1.6849)
Lnrd			0.0447***			
			(6.4117)			
lnnord						0.3019***
						(7.9678)
样本量	2789	3371	2755	3409	3099	3099
模型	低高技术产业（制造业）					
	(1)	(2)	(3)	(4)	(5)	(6)
变量	Lnpatent	Lnrd	Lnpatent	Lnnew	Lnnord	Lnnew
Lnbloans	0.0167***	0.0411***	0.0150***	0.0762***	0.0563***	0.0566***
	(3.9720)	(2.8005)	(3.6075)	(3.8872)	(4.3429)	(3.1025)
Lnrd			0.0418***			
			(8.0117)			
lnnord						0.4841***
						(20.2106)
	4904	6706	4841	6781	6348	6348
控制变量	Yes	Yes	Yes	Yes	Yes	Yes
年份×行业	Yes	Yes	Yes	Yes	Yes	Yes
样本量	22050	21593	21593	29063	28464	28464
adj-R^2	0.1889	0.2146	0.2426	0.2831	0.2162	0.3075

注：*、**和***分别表示在10%、5%和1%的水平下显著；模型中使用了个体层面聚类的稳健标准误，括号内为t值。

六、本节结论与建议

本节使用2006~2015年中关村科技企业数据，通过PSM-FE方法，深入考察了银行贷款对企业创新的影响效应和作用机制。结果表明，银行贷款作为我国金融体系下企业外部融资的主要路径，通过缓解融资压力、推动企业创新投入进而影响创新产出。具体而言：第一，银行贷款显著促进了企业技术研发和技术成果转化，实现了对企业创新活动全阶段的有效激励。第二，银行贷款通过增加创新投入进而促进了企业技术研发和技术成果转化，并且对于不确定性更低的技术成果转化阶段的激励效果更大。第三，银行贷款对企业创新的激励效果在企业扩大海外市场、政府扶持以及获得股权融资支持力度更大的企业中表现得更明显。第四，异质性分析显示，相对银行贷款对低技术行业研发投入和成果转化两阶段的显著性促进作用，银行贷款仅对高技术行业成果转化阶段具有较好的激励作用，这亦与本节提出的银行贷款更能促进企业创新成果转化假设 4.4 相符。

　　本节的研究为通过银行贷款促进企业创新，尤其是实体企业及制造业等创新型企业创新进而推动我国创新发展提供以下启示：第一，银行贷款是我国重要的融资渠道，既支持了国家创新驱动发展战略，又完善了信贷资金对企业创新活动的支持，应在确保银行获得合理资本补充的条件下，通过利率、存款准备金率等综合手段降低信贷成本，改善贷款技术和产品服务，增大商业银行对创新项目的信贷投放力度。第二，可以通过政策辅助引导，优化商业银行投放结构，并利用金融科技等工具，改善政府部门的信息整合和处理能力，为商业银行对实体企业以及制造业企业等提供贷款倾向性支持。

第五章 科技金融对城市
科技创新的驱动效应

科技金融本质上是发挥金融为科技活动进行融资的特征，为科技活动提供从研发到成果转化应用的全过程支持，以支持微观创新活动。但是，受地理位置、历史条件等因素的限制，我国各地区科技金融的发展存在不充分、不均衡的问题，导致区域创新能力存在差距。本章从城市层面测度了我国科技金融发展的区域特征，然后分析城市科技金融的发展对本地区以及地理邻近地区科技创新的影响。

第一节　基于城市群层面的科技金融发展水平测度

在我国地理区域上，不同地区的金融机构、主导产业及高新技术产业布局也千差万别，由此导致科技金融在空间分布上的不均衡。本节从政策性科技金融和商业性科技金融两方面测算我国区域科技金融发展水平。

一、文献综述

国内针对科技金融发展水平的测度包括两个方面：一方面是针对金融投入和科技产出构建模型测度效率，用于评价金融支持科技创新的效果，具体研究方法和投入产出指标如表5-1所示。

表 5-1 科技金融效率测度体系

文献来源	研究方法	投入指标	产出指标
高扬和王桂粪，2023	DEA模型	财政科技拨款 R&D 经费支出 中长期贷款额	专利申请量 专利授权量 高新技术产业产值
李天籽和韩沅刚，2022	非期望产出SBM模型	R&D 经费支出 R&D 人员全时当量 财政科技支出 科学技术新增固定资产投资 新产品开发经费支出	专利授权量 新产品销售收入 高技术产业增加值 产品出口交货值 受理但未授权专利数量
沈丽和范文晓，2021	超效率SBM模型	地方财政科技拨款 企业 R&D 经费投入 金融机构科技贷款	技术市场成交合同金额 发明专利申请授权量 高技术产业新产品销售收入
马玉林等，2020	DEA-SBM模型	R&D 人员全时当量 R&D 内部支出占比 财政科技支出占比 区域金融支持效率	国内专利申请授权量 技术市场成交额 高技术产业新产品销售收入
易明等，2019	DEA-BCC模型	R8D 投入指标 高技术产业固定资产投资 科技支出占比 高技术产业引进技术与消化吸收经费支出 区域存贷款额比值	高技术产业产出指标 发明专利授权数 技术市场合同金额 发表科技论文数量 重大科技成果登记数 国家级科技奖励数等
李俊霞和温小霓，2019	DEA 模型	企业资金投入 政府资金投入 市场金融资源投入	专利质量 技术转移和科技成果转化的总体规模 高技术产业出口
薛晔等，2017	贝叶斯随机前沿模型	R&D 人员全时当量 财政科技经费投入 银行科技信贷金额 创业风险投资金额 科技资本市场筹资额	三大检索科技论文数量 专利授权数量 高技术产业新产品产值
胡欢欢和刘传明，2021	超效率SBM 模型	R&D 经费投入 财政科学技术支出 金融机构科技贷款	发明专利申请授权数 技术市场成交额 高技术产业新产品销售收入
许世琴等，2020	DEA-BCC模型	R&D 经费内部支出 R&D 人员全时当量 政府财政科技拨款 金融机构贷款/研发经费内部支出	专利授权数量 国内外检索三大科技论文数量 技术市场合同成交额 高技术产业主营业务收入

续表

文献来源	研究方法	投入指标	产出指标
戴志敏等，2017	DEA 模型	R&D 经费支出 地方财政科技拨款 科技产业固定资产投资	高技术产品出口额 国内专利申请授权数 技术市场成交合同额

资料来源：笔者根据中国知网论文信息整理所得。

学者们对科技金融效率的空间分布格局的研究重点集中在区域差异的测度与收敛特征分析上。王韧和李志伟（2022）将科技金融效率划分为科技产出效率与商业产出效率，进而探讨中国科技金融效率的结构异质性和空间分布特征，研究发现，我国科技金融效率整体水平依然偏低，商业产出效率水平要低于科技产出效率，高效率地区主要集中于东南沿海地区。胡欢欢和刘传明（2021）通过计算 2009~2019 年科技金融效率的基尼系数发现，总体空间差异整体上呈下降趋势，其中东部与西部直接科技金融效率之间的差距是最大的。收敛的概念源于新古典增长理论，收敛分析的常见方法包括 σ 收敛、β 收敛、俱乐部收敛和随机性收敛四种。部分研究认为，中国的科技金融效率未能明显表现出 σ 收敛特征，但存在着显著的 β 收敛趋势，地区间存在着明显的追赶效应。将研究对象做进一步细化可以看出，东部地区科技金融效率呈收敛性趋势，这表明其科技金融效率的相对水平有所下降，与所在区域的平均水平更加接近。

另一方面是构建科技金融发展指标，通过算数平均法、专家赋值法、熵值法、层次分析法、主成分分析法等方式确定各指标权重，将所有低级别指标汇总得到一个总指数，用以表示科技金融发展水平的高低。例如，张芷若和谷国锋（2019）测算了中国 30 个省份 2004~2016 年科技和金融耦合程度的时空演变；王海芸和刘杨（2020）构建了包括 4 个金融投入和 1 个科技金融产出的指标体系，测度了中国 30 个省份 2014~2017 年的科技金融发展水平和科技金融发展效率。王韧等（2023）使用金融指标和科技投入产出指标，将 2008~2017 年中国十大典型城市群的 158 个城市作为研究样本，分析了我国城市群金融—科技空间耦合的时空演变。林瑶鹏等（2022）从科技金融发展规模、结构、支持力度与效率角度，使用熵值法测算我国省域区域科技金融发展水平。还有研究关注科技金融在区域上的描述性分析，如寻舸（2015）对全国的分析以及杨璠（2020）对杭州科技金融体系的分析。

已有关于科技金融区域发展水平的研究为本书提供了丰富的经验与理论依据，但还可从以下方面进行改进：第一，在指标构建上，现有研究大多数将金融指标和科技创新指标同时纳入科技金融测算体系，但是一个地区的科技创新投入产出并不完全是由科技金融带来的，还有相当一部分企业自有资金，因此本节对于区域科技金融发展水平的测度集中于商业性科技金融和政策性科技金融。第二，现有研究总体以省域层面为样本，缺少城市层面的研究作为科技金融发展的主要区域单元，将研究对象聚焦于城市层面更能揭示其强弱程度。第三，在研究方法上，本节使用 Dagum 基尼系数探究科技金融发展的区域差异及其来源，作为已有核密度研究方法的补充。此外，部分研究对其空间分布进行描述，但缺乏其时空分布的收敛特征。基于此，本节将中国 284 个地级市作为研究对象，使用熵值法对各城市科技金融发展水平进行测定，利用 Dagum 基尼系数对城市间差异来源进行测度，并判断是否存在空间收敛机制。

二、研究设计

（一）熵值法

熵值法作为已有研究中指标评价的常用方法，能够规避人为主观赋予权重与多种指标间的信息叠加问题。基于熵值法计算变量的具体公式如下所示。公式（5-1）与公式（5-2）表示对所有指标进行标准化处理的方程：

$$\text{正向指标：} Y_{ij} = \frac{X_{ij} - \min(X_{ij})}{\max(X_{ij}) - \min(X_{ij})} \tag{5-1}$$

$$\text{负向指标：} Y_{ij} = \frac{\max(X_{ij}) - X_{ij}}{\max(X_{ij}) - \min(X_{ij})} \tag{5-2}$$

其中，Y_{ij} 表示第 i 个城市第 j 项指标的标准化数值；X_{ij} 表示第 i 个城市第 j 项指标的原始数值；$\min(X_{ij})$ 和 $\max(X_{ij})$ 分别为第 j 项指标的最小值和最大值。

公式（5-3）用于计算指标权重，指标能提供的信息量越小，指标权重就越大；

计算第 i 个城市第 j 项指标的比重：$p_{ij} = \dfrac{Y_{ij}}{\sum\limits_{z}^{i=1} Y_{ij}}$ (5-3)

公式（5-4）用于计算第 j 项指标的信息熵 E_j，n 为样本个数；

计算第 j 个指标的信息熵：$E_j = -\left(\dfrac{1}{\ln n}\right) \sum\limits_{z}^{i=1} p_{ij} \ln(p_{ij})$ (5-4)

计算各指标的权重：$W_j = \dfrac{1 - E_j}{\sum\limits_{z}^{i=1} (1 - E_j)}$ (5-5)

计算各个城市的综合得分 $S_i = \sum\limits_{j=1}^{m} w_j Y_{ij}$ (5-6)

（二）全局空间自相关

采用全局 Moran's I 指数测度各城市科技金融发展水平的自相关性的总体趋势。Moran's I 指数的取值范围为 [−1，1]，若 Moran's I 指数显著为正，则整体格局表现为空间集聚特征；若 Moran's I 指数显著为负，则表示整体格局呈显著空间分异，Moran's I 值为 0 则为随机分布状态，不具空间自相关性。若以 x_i 表示城市 i 的科技金融发展水平，$\bar{x}$ 表示科技金融发展水平的均值，W_{ij} 为地理距离空间权重矩阵，则 Moran's I 指数计算公式如下：

$$I = \frac{n \sum\limits_{i=1}^{n} \sum\limits_{j=1}^{n} W_{ij}(x_i - \bar{x})(x_j - \bar{x})}{\sum\limits_{i=1}^{n} \sum\limits_{j=1}^{n} W_{ij} \sum\limits_{i=1}^{n} (x_i - \bar{x})^2} \qquad (5-7)$$

（三）收敛分析

基于收敛分析可计算科技金融发展水平的收敛过程，并可以在空间层面上检验地区间是否存在追赶效应，参考现有研究的做法，本节着重分析 β 收敛。

β 收敛用于检验发展水平较低的地区以更快的增长速率实现对发展水平较高地区的追赶，使得落后地区与发达地区达到相同的增长水平。β 收敛包括绝对 β 收敛与条件 β 收敛，绝对 β 收敛表示所有城市的科技金融发展水平都将收敛为同一稳态水平，条件 β 收敛是在控制影响科技金融发展的影响因素的条件下，各城市的科技金融发展水平会变化至稳态水平。由于各城市的影响因素存在差异，稳态水平也因此不同，影响科技金融发展水平的因素在空间范围内存在明显的跨区域流动性，因此在考虑空间效应的基础上构建空间杜宾模型（Spatial Durbin Model，SDM）进行空间 β 收敛检验。以 $STF_{i,t}$ 表示城市 i 在第 t 年时期科技金融发展水平，$STF_{i,t+1}$ 表示在第 t+1 年时期科技金融发展水平，W_{ij} 表示地理距离空间权重矩阵，X_{it} 表示控制变量集，μ_i、υ_t 与 ε_{it} 表示空间固定效应、时间固定效应与随机扰动项，空间绝对 β 收敛与空间条件 β 收敛计算方式如模型（5-8）和模型（5-9）所示：

$$\ln\left(\frac{STF_{i,i+1}}{STF_{i,t}}\right)=a+\beta\ln\left(STF_{i,t}\right)+\rho W_{ij}\ln\left(\frac{STF_{i,t+1}}{STF_{i,t}}\right)+\theta W_{ij}\ln\left(STF_{i,t}\right)+\mu_i+\upsilon_t+\varepsilon_{it}$$

$$(5-8)$$

$$\ln\left(\frac{STF_{i,i+1}}{STF_{i,t}}\right)=a+\beta\ln\left(STF_{i,t}\right)+\rho W_{ij}\ln\left(\frac{STF_{i,t+1}}{STF_{i,t}}\right)+\theta W_{ij}\ln\left(STF_{i,t}\right)+\eta W_{ij}X_{it}+$$

$$\mu_i+\upsilon_t+\varepsilon_{it} \qquad (5-9)$$

三、变量选取与数据说明

根据第二章对科技金融内涵的描述和分类，科技金融包括政策性科技金融和商业性科技金融，具体使用表 5-2 中的指标计算科技金融发展水平。

表 5-2　科技金融指标测算体系

目标层	一级指标	计算方法	数据来源	属性	权重
政策性科技金融	财政科技支出	各城市科学支出额	中国城市统计年鉴（2009~2022 年）	+	0.0766
	政府补贴	上市企业获得政府补贴金额按照城市加总	CSMAR	+	0.1617
	税收优惠	上市企业获得税收优惠金额按照城市加总	CSMAR	+	0.1633
	政府引导基金	引导基金投资金额按照城市加总	中国创业与投资大数据平台（私募通）	+	0.1480

续表

目标层	一级指标	计算方法	数据来源	属性	权重
商业性科技金融	创业风险投资	风险投资金额按照城市加总	清科私募通数据库	+	0.1352
	科技贷款	上市高新技术产业银行贷款额	CSMAR	+	0.0925
	科技资本市场	上市高新技术企业首次公开募股额	CSMAR	+	0.1105
	科技保险	城市是否发布科技保险补贴政策	中国政府网	+	0.1123

　　结合已有研究，条件 β 收敛分析时选取影响科技金融的因素作为控制变量。具体内容如下：①经济发展水平，以地区人均 GDP 的对数值表示；②教育支出水平，以教育支出额与财政支出额的比值表示；③产业结构，以第二产业产值在 GDP 中的比重表示；④城镇化水平，以年末城镇人口的比重表示；⑤创业水平，以城市每百人新创企业数表示。空间权重矩阵采用的是地理距离权重矩阵，该矩阵是以空间截面单元经纬度距离的倒数来构建的。样本为 2008~2021 年 284 个地级市构成的平衡面板数据，其中 284 个地级市及以上城市为 2009~2022 年《中国城市统计年鉴》中统计的城市，剔除了数据缺失严重的或行政区划发生变动的城市，如属于西藏自治区的地级市（吐鲁番市、铜仁市、毕节市、海东市等），共计 3976 个观测值，变量的描述性统计如表 5-3 所示。

表 5-3　变量描述性统计分析

变量名称	变量符号	样本数	均值	标准差	最小值	最大值
科技金融发展水平	STF	3976	0.0099	0.04	0.0001	0.5929
财政科技支出	Tec	3976	0.015	0.05	0.0003	0.918
财政补贴力度	Sub	3976	3.4910	16.75	0	244.1794
税收优惠	Tax	3976	1.2393	7.87	0	166.6976
政府引导基金	GF	3976	0	0	0	0.0001
创业风险投资	VC	3976	0	0	0	0.0052
科技贷款	Loan	3976	48.6368	125.09	0	1600.1688
科技资本市场	Market	3976	0.1236	0.68	0	12.3272
科技保险	insur	3976	0.1059	0.31	0	1

续表

变量名称	变量符号	样本数	均值	标准差	最小值	最大值
经济发展水平	lnagdp	3976	16.505	1.00	9.655	19.760
教育支出水平	edu	3976	0.167	0.05	0.007	1.667
产业结构	ind	3976	0.472	0.11	0.107	0.898
城镇化水平	urban	3976	0.364	0.24	0.027	1
创业水平	entre	3976	1.114	1.01	0.160	13.982

四、实证结果分析

（一）科技金融发展水平测算结果的时空比较

1. 科技金融发展水平的时间特征比较

2008~2021 年各城市科技金融发展水平如图 5-1 所示。整体上来看，科技金融的发展水平持续提高，由 2008 年的 0.0026 增长至 2021 年的 0.0162，说明随着多元化的科技金融支持体系投入，科技金融的规模得到了进一步提升。2021 年科技金融发展水平最好的城市为北京市，其数值为 0.6614，但总体平均水平仍然偏低，证明科技金融的地区发展不平衡问题依然存在。对比科技金融的主体性质，在样本期间内，商业性科技金融的发展水平始终领先于政策性科技金融，但政策性科技金融的发展增速逐年加快，表明我国目前是以政策性科技金融为引导，以商业性科技金融为主导，以银行业金融机构为科技金融的"主力军"、资本市场为科技金融的"生力军"、科技保险助力企业风险管理的科技金融发展模式。

2. 科技金融发展水平的区域特征比较

"十四五"规划共划分了 19 个城市群，本节参考周密等（2024）的做法将这 19 个城市群划分为优化提升型、发展壮大型和培育发展型，用于表示各城市群的区域特征。其中，优化提升型包括京津冀、长三角、珠三角、成渝和长江中下游城市群；发展壮大型包括山东半岛、粤闽浙沿海、中原、关中平原、北部湾等城市群；培育发展型城市群包括哈长、辽中南、山西中部、黔中、滇中、呼包鄂榆、兰州—西宁、宁夏沿黄、天山北坡城市群。

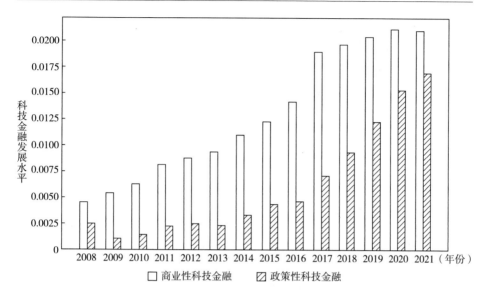

图 5-1 2008~2021 年科技金融发展水平变化趋势

图 5-2 展示了样本期间内各类型城市群科技金融发展水平的变化趋势。图 5-2（a）显示，三大类城市群的科技金融发展水平均呈稳定增长的趋势，优化提升型城市群在 2017 年后的增速更加明显，2008~2017 年发展壮大型与培育发展型城市群的发展水平基本一致，但 2017 年之后各城市群之间的发展差距进一步扩大。这是因为优化提升型城市群的经济发展水平与科技创新能力均处于领先地位，形成了科技金融发展水平在三种类型城市群上的空间差异。图 5-2（b）~（d）分别展示了不同类型城市群内部各个城市群的科技金融发展水平，同样具备总体发展水平提高地区差距逐渐放大的特征。从图 5-2（b）中可以看出，2008~2018 年，京津冀城市群的科技金融发展水平处于高位，长三角与珠三角紧随其后，在 2018 年后珠三角城市群的发展水平处于领先地位。成渝和长江中下游城市群增速则不明显，且发展水平相较其他城市群仍具有一定差距。图 5-2（c）展示了发展壮大型城市群的变化趋势，山东半岛与粤闽浙沿海城市群的发展水平呈现同步变化趋势，且始终领先于其他城市群，特别是 2017 年以来，与其他发展壮大型城市群的发展差距不断拉大。中原和关中平原城市群稳步提升，而北部湾城市群在 2019 年后呈现下

科技金融与创新驱动：企业和城市的实证研究

降态势。图5-2（d）中的培育发展型城市群呈现波动变化的特征。与发展壮大型城市群类似，培育发展型城市群的发展整体偏低，在该城市群范围内2019年后的波动幅度极其明显，仅少部分城市群能够调整为增长趋势，大部分城市群受到疫情冲击的影响较为严重。

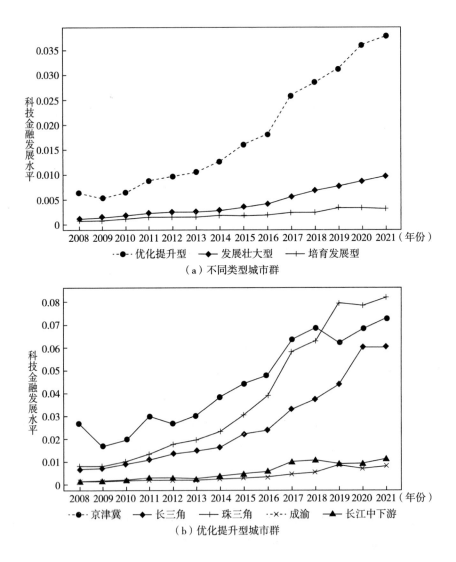

图5-2　各城市群科技金融发展水平变化趋势

· 134 ·

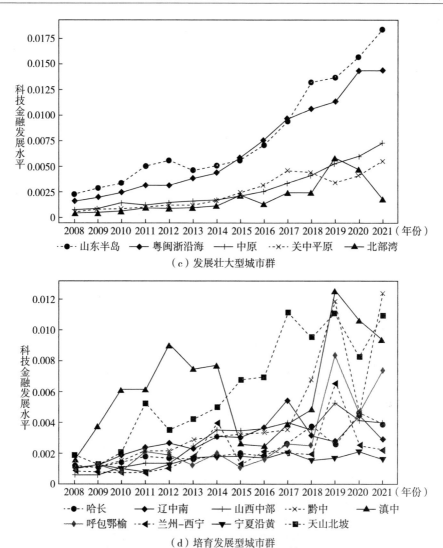

（c）发展壮大型城市群

（d）培育发展型城市群

图 5-2　各城市群科技金融发展水平变化趋势（续）

（二）Dagum 基尼系数分解结果

Dagum 基尼系数既可以将地区差异分解为组内差异贡献、组间差异贡献与超变密度贡献（Dagum，1997），能够反映各地区交叉重叠的现象，还可用于分析样本分组后子样本内部与组间的差异。

总体来看，总体基尼系数在 2008～2014 年逐渐缩小［见图 5-3（a）］。

2014~2018 年产生波动，2018 年后趋于平稳，说明各地区科技金融的差距有
明显缩短趋势，组间基尼系数要明显大于组内基尼系数与超变密度，意味着
总体差距的变化受组间差异（即东中西部之间的差距）变化的影响更为明
显，从贡献率角度测算结果也得以体现［见图 5-3（b）］。分地区的组内差
异来看［见图 5-3（c）］，东部地区的变化趋势与总体基尼系数基本一致，

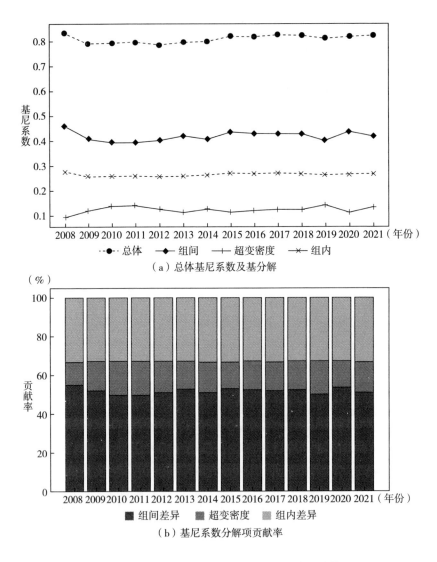

（a）总体基尼系数及基分解

（b）基尼系数分解项贡献率

图 5-3 科技金融发展水平的区域差异变化趋势

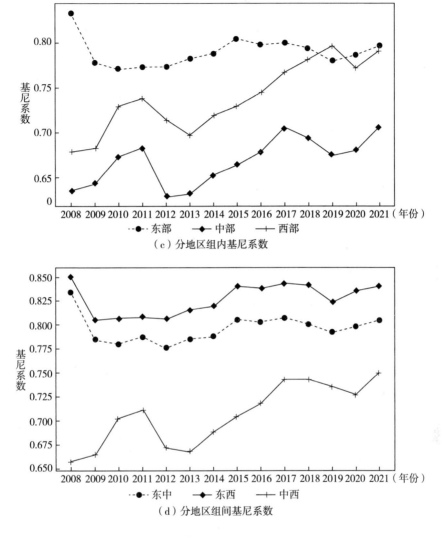

（c）分地区组内基尼系数

（d）分地区组间基尼系数

图5-3 科技金融发展水平的区域差异变化趋势（续）

而中部和西部地区的基尼系数呈现同步波动变化趋势，可能的原因在于中部地区的"强省会"战略发展模式作用效果较为明显，导致省会城市与其他地级市之间的差距逐渐扩大。分地区组间差异来看［见图5-3（d）］，各地区间均表现波动变化的状态。其中，东西地区间的基尼系数最大，意味着东西地区之间科技金融发展水平的差距最为明显，而中西地区间的差异最小，说明中部地区和西部地区科技金融发展水平相当。

（三）全局空间自相关结果

在区域科学模型的统计分析中，研究由空间引起的各种特性的计量方法，被称为空间计量方法（Anselin，1988）。因此，模型是否存在空间相关性，是判断能否利用空间面板模型的前提。表5-4是使用全局Moran's I指数计算科技金融发展水平的空间自相关结果。2008~2021年的Moran's I指数均在1%的水平下显著为正，意味着科技金融发展水平存在较强的空间正相关关系。此外，Moran's I指数逐年增大，科技金融发展水平整体的空间集聚特征显著增强。全局Moran's I指数的变化幅度不大，说明科技金融发展水平具有一定的时序惯性和空间稳定性。

表5-4　科技金融发展水平的莫兰指数

年份	Moran's I 值	Z 值	年份	Moran's I 值	Z 值
2008	0.0004	1.329	2015	0.011	3.123
2009	0.004	1.735	2016	0.011	3.041
2010	0.004	1.806	2017	0.014	3.320
2011	0.004	1.958	2018	0.016	3.849
2012	0.008	2.301	2019	0.021	4.489
2013	0.009	2.710	2020	0.027	5.468
2014	0.006	2.302	2021	0.026	5.228

（四）科技金融的收敛性结果

由于科技金融存在着显著的空间相关性，为了验证科技金融发展水平较低的地区比发展水平较高的地区具有更快的增长率，且最终会以同样的增长率发展，因此对全样本和三大子区域的科技金融使用空间杜宾模型进行空间绝对β收敛和空间条件β收敛检验。表5-5显示了空间绝对β收敛的检验结果，无论是全样本范围内还是三大子区域范围内，β系数在1%的水平下均显著为负，表明科技金融存在显著的空间绝对β收敛特征。分地区的结果表明，西部地区的收敛速度是最快的，高于全样本的收敛速度，其次是中部地区和东部地区，收敛速度的差异一定程度上拉大了各个区域间科技金融的差距，使得区域间科技金融的差距持续扩大。

表5-5 绝对 β 收敛检验结果

变量	(1)	(2)	(3)	(4)
	全样本	东部	中部	西部
β	-0.029*** (-3.379)	-0.129*** (-7.51)	-0.187*** (-8.853)	-0.411*** (-14.454)
θ	0.073*** (2.932)	0.291*** (3.90)	0.108 (0.317)	-0.016 (-0.097)
ρ	0.131*** (3.581)	0.679*** (8.35)	-0.324** (-2.208)	-0.351** (-2.178)
城市固定	YES	YES	YES	YES
时间固定	YES	YES	YES	YES
R^2	0.301	0.602	0.724	0.813

注：该结果为空间杜宾模型的偏微分分解结果；β 为直接效应系数，θ 为间接效应系数；*、
** 和 *** 分别表示在 10%、5% 和 1% 的水平下显著，括号内为 t 值。

表5-6 分阶段的回归结果表明，科技金融同样存在着显著 β 收敛，且 2015~2019 年的收敛速度要小于 2010~2014 年的收敛速度，分地区来看中部地区的收敛速度依旧是最快的，与整个样本期间的结果一致。绝对 β 收敛没有考虑影响科技金融的经济发展水平、产业结构、教育支出、城市规模以及创业水平等因素，因此在控制以上变量后进行条件 β 收敛的检验。

表5-6 分阶段绝对 β 收敛结果

变量	2009~2014 年				2015~2021 年			
	全样本	东部	中部	西部	全样本	东部	中部	西部
β	-0.622*** (-22.047)	-0.663*** (-14.873)	-0.775*** (-15.352)	-0.713*** (-17.083)	-0.245*** (-15.728)	-0.567*** (-15.462)	-0.469*** (-13.347)	-0.750*** (-18.113)
θ	0.228*** (2.842)	0.805*** (3.412)	0.376 (1.049)	-0.159 (-0.744)	0.142*** (2.910)	0.935*** (5.104)	0.268 (1.420)	0.147 (0.575)

变量	2009~2014 年				2015~2021 年			
	全样本	东部	中部	西部	全样本	东部	中部	西部
ρ	0.052	0.727***	0.071	-0.419*	0.190***	0.757***	-0.328	-0.339
	(0.986)	(6.541)	(0.375)	(-1.833)	(3.837)	(7.501)	(-1.647)	(-0.130)
城市固定	YES	YES	YES	YES	YES	YES	YES	YES
时间固定	YES	YES	YES	YES	YES	YES	YES	YES
R²	0.431	0.118	0.300	0.584	0.643	0.174	0.604	0.626

注：该结果为空间杜宾模型的偏微分分解结果；β 为直接效应系数，θ 为间接效应系数；*、** 和 *** 分别表示在 10%、5% 和 1% 的水平下显著，括号内为 t 值。

表 5-7 结果显示，β 系数同样显著为负，即全样本和三大子区域的科技金融存在空间条件 β 收敛特征，说明在考虑经济发展水平、产业结构、科学支出、城市规模以及创业水平等影响因素后，条件 β 收敛的速度更快，即科技金融的差异以更快的速度缩小。此外，东部、中部与西部的收敛速度均明显高于空间绝对 β 收敛，说明部分影响科技金融的特征加快了科技金融的收敛速度。而且在全样本范围内空间自回归系数 ρ 显著为正，说明科技金融具有显著的空间外溢效应，能够加快科技金融的收敛速度，最终达到相同的增长速率。表 5-7 分阶段的回归结果显示，空间条件 β 收敛在各个地区均显著存在，且收敛速度同样高于空间绝对 β 的速度，而 2015~2019 年的速率小于 2010~2014 年速率的结果依旧没有发生改变，西部地区的收敛速度同样显著高于其他地区，这与空间绝对 β 收敛得出的结论基本一致。

表 5-7 条件 β 收敛检验结果

变量	(1) 全样本	(2) 东部	(3) 中部	(4) 西部
β	-0.036***	-0.147***	-0.230***	-0.448***
	(-3.976)	(-8.203)	(-10.382)	(-15.503)
θ	0.066**	0.095	-0.388**	-0.105
	(2.435)	(0.772)	(-2.343)	(-0.567)

变量	（1）	（2）	（3）	（4）
	全样本	东部	中部	西部
ρ	0.124***	0.648***	-0.518	-0.466***
	（3.396）	（7.354）	（-3.279）	（-2.783）
控制变量	YES	YES	YES	YES
城市固定	YES	YES	YES	YES
时间固定	YES	YES	YES	YES
R^2	0.009	0.011	0.001	0.077

注：该结果为空间杜宾模型的偏微分分解结果；β为直接效应系数，θ为间接效应系数；*、**和***分别表示在10%、5%和1%的水平下显著，括号内为t值。

表5-8　分阶段条件β收敛结果

变量	2010~2014 年				2015~2019 年			
	全样本	东部	中部	西部	全样本	东部	中部	西部
β	-0.662***	-0.749***	-0.798***	-0.877***	-0.254***	-0.574***	-0.510***	-0.758***
	（-23.299）	（-16.943）	（-15.673）	（-14.51）	（-15.871）	（-15.132）	（-13.992）	（-17.574）
θ	0.101	0.122	0.256	-0.675	0.108**	0.982***	-0.383	0.108
	（1.230）	（0.352）	（0.587）	（-1.06）	（1.975）	（4.073）	（-1.580）	（0.503）
ρ	-0.009	0.494***	-0.012	0.179	0.179***	0.739***	-0.632***	-0.575*
	（0.864）	（2.914）	（-0.060）	（3.572）	（3.572）	（6.891）	（-2.848）	（-2.438）
城市固定	YES	YES	YES	YES	YES	YES	YES	YES
时间固定	YES	YES	YES	YES	YES	YES	YES	YES
R^2	0.046	0.004	0.011	0.467	0.467	0.129	0.171	0.054

注：该结果为空间杜宾模型的偏微分分解结果；β为直接效应系数，θ为间接效应系数；*、**和***分别表示在10%、5%和1%的水平下显著，括号内为t值。

五、本节结论

　　准确把握中国科技金融的空间差异及分布动态演进，实现科技和金融协同发展，对促进创新驱动发展具有重要意义。本节根据中国284个地级市构成的面板数据，基于熵值法对科技金融发展水平进行测算，并采用Dagum基尼系数与收敛分析探讨了空间差异与收敛趋势，得出以下研究结论：第一，中国各城市科技金融发展水平呈逐年上升趋势；第二，科技金融发展水平的空间差异明显，优化提升型城市群的发展水平领先于其他类型城市群，但城市群之间的发展差距也在进一步扩大；第三，区域层面分析结果表明，东部地区与西部地区之间的发展水平差距过大是导致总体层面存在显著差异的主要原因，且差距的变化趋势为先减小后增长再转变为波动变化；第四，总体层面与分地区层面均存在显著的绝对 β 收敛与条件 β 收敛，且收敛速度由快变缓。

第二节　科技金融对城市科技创新的影响

从本章第一节研究可知，我国科技金融发展水平在城市层面表现出差异性特征。根据《中国区域创新能力评价报告 2023》，2012～2022 年，我国南北创新差距有所起伏，但是整体变化不大。科技金融发展的区域失衡，会影响区域科技创新的发展。与耦合研究分析金融和科技创新的相关关系不同，本节使用回归分析法，研究科技金融和科技创新之间的因果联系，并结合空间计量法，探讨科技金融对科技创新的溢出效应。

一、文献综述

科技金融通过政府和市场化的资金供给手段，构建适用于科技创新的信用担保体系和风险补偿机制，设立创业投资基金等政府引导基金、吸引风险投资以及科技保险等内容实现与科技创新的风险性相匹配的资金供给机制，充分调动城市科技创新的积极性。

（一）科技金融对城市科技创新的影响

1. 科技金融激励企业进行科技创新

城市科技金融的发展从两个方面影响科技创新活动的开展：一是通过资金支持促进高质量科技成果的产生；二是促进科技成果转化为新产品以及形成新产业。

一方面，随着各级政府对科技金融重视程度的提高，地方政府采用政策优惠和支持、加大财政科技投入等方式，激励高校、研究机构以及企业研发部门进行技术研发。分类来看，在基础前沿类、重大项目类、社会公益性和共性技术类等公共科技活动中，财政科技资金发挥了主体作用，特别注重发挥新型举国体制在实施国家科技重大专项中的作用；而在市场导向类和平台竞争类的科研项目中，财政科技资金作为间接投入，采取风险补偿、"后补助"、创投引导等多种方式发挥财政资金的杠杆作用（李静，2022）。商业性科技金融如创业风险投资通过缓解融资约束、整合研发资源、提供行业经验、降低创新环境不确定性等方式为创新产出提供各类增值服务，激发投资区的创新能力（马铭晨和吕拉昌，2023）。此外，随着一些科技型企业发展壮大并布局占领未来产业技术制高点，企业自身也会投入经费开展与主导产业技术相关的前沿基础研究，特别是应用基础研究（陶诚等，2019）。由此，在整个地区形成科技金融支持技术研发并创造高质量科技成果的氛围。

另一方面，科技成果转化是科技创新转变为生产力的核心环节。在科技成果转化过程中，无论是科研院所、高校还是科技企业，都希望通过科技成果转化实现科技创新的经济价值。科技金融的作用不仅在于为科技成果转化提供所需资金，还在于分散科技成果转化过程中的技术转化风险以及市场风险。为此，各级政府不仅设立多种激励高校、科研院所进行科技成果转化的补贴和奖励，还针对企业科技成果转化给予科技成果转化风险补偿（补贴）以及税收优惠政策。并且通过设立多种级别、多种类型的科技成果转化基金，为科技成果产业化提供多种融资渠道，以缓解企业科技成果转化中所面临的融资问题，促进了战略性新兴产业的崛起与发展（陈霆等，2017）。政策性科技金融更多发挥对市场资金的引导性作用，商业性科技金融则是科技成果转化的中坚力量。近年来，创业风险投资、商业银行等金融类机构纷纷开始对专利资产提供融资，专利被用作质押物或成为基础资产标的物或作为资产聚集为专利基金以支持专利市场化运营，推动创新价值流动，促进科技成果转化（陈明媛和刘运华，2023）。此外，商业性科技金融机构还能够为科技成果转化提供市场开拓、公司治理等增值服务，并通过合理的规划和安排，分散科技成果转化过程中的风险。

2. 科技金融促进城市产业结构升级

产业结构升级是决定经济持续增长的决定性因素。科林·克拉克、西蒙·库兹涅兹等人研究显示，产业结构升级包括以下三点：一是在三次产业结构中，第一产业比重逐渐下降，第三产业比重不断上升的产业结构；二是在三大产业内部通过技术改造，提升传统产业，发展现代农业、高新技术产业和现代服务业；三是在工业内部，表现为重工业比重不断提高，轻工业比重不断下降并趋于稳定的趋势；从劳动密集型到资本密集再到知识技术密集的演变；实现从低附加值向高附加值的转变（周叔莲和王伟光，2001；姜泽华和白艳，2006）。已有研究显示，科技金融是推动产业结构升级的重要力量（Rin and Hellmann，2002；陈亚男和包慧娜，2017；胡欢欢和刘传明，2021），原因是科技金融通过积极满足各类科技创新主体的融资需求，实现资金在产业间的合理配置，推动科技创新和技术进步，通过传统产业生产技术的持续升级创新或产品技术含量的提高促进生产效率的提升，以此实现产业结构升级。

城市通过完善金融支持科技创新的体制机制，促进科技金融的发展，为科技创新融资提供渠道，助力中小微科创企业发展壮大和大型企业技术升级，并通过关键技术研发和改造，推动传统产业升级和新兴产业产生。一方面，政策性科技金融通过风险分担、信号与引导效应，和商业性科技金融一起将资金注入科技创新全过程，不仅提高了产业的技术含量，还通过将更多的金融资源配置到经济发展急需的科技产业中，有助于进一步激活科技要素，营造科技创新环境，实现持续的科技创新与产业升级（李健和马亚，2014）。另一方面，为了促进科技金融发展，政府层面正通过创新金融工具、优化金融体系、保障金融市场的稳定安全，以及增强对科技创新的财政投入等方式，旨在利用科技进步推动产业结构的优化升级（黄卫华和陈海椰，2020）。此外，随着产业结构的升级，产业附加值提升，又通过税收增强了政策性科技金融的供给；随着产业形态趋于高端化，相应的生产形式、管理形式以及组织架构也向智能化、高端化、复杂化发展，对科技金融服务的要求更高、依赖性更强、吸引力更大，从而促进了商业性科技金融机构的参与，最终实现科技金融和产业结构升级的循环发展。

（二）科技金融对城市科技创新的溢出效应

美国地理学家 Tobler 在 1970 年提出地理学第一定律："相邻的事物相关性要高于远离的事物。"这一定律强调了空间相关性，指出相近的地理要素之间在空间上的相关性更强，远离的地理要素之间的相关性相对较弱。尤其是在城市群内部，城市与城市之间一体化使得生产要素流动将更加频繁，生产要素所产生的空间溢出效应更强（邱思远和孙伟，2024）。金融地理学的兴起，使学者逐步意识到，金融发展具有较强的空间依赖性和空间溢出效应（张志强，2012）。李林等（2011）、曹霞和张路蓬（2017）较早使用空间计量方法发现了银行业的发展的区域间溢出效应。此后的研究发现，无论是政府资金还是市场资金，在对创新的支持中均表现出比较长期的溢出效应（崔百胜和朱麟，2019；陈鑫等，2021），这种溢出效应主要表现为以下两个方面：

1. 城市科技金融溢出效应

科技金融在推动科技创新活动中发挥了重要作用，城市创新规模扩大与产业转型升级也会反哺科技金融的发展。科技金融发展到一定程度时，为了提高金融机构间信息交流便捷程度，金融机构会通过集聚效应降低交易成本。金融集聚更利于提供多元化融资支持，不仅可以通过推动技术创新促进本地区金融业结构优化升级，还可以通过示范效应引导邻近地区金融业的发展，以此提高整体产业发展水平（Kar et al.，2011）。一方面，各地区政府为了引导金融机构服务于科技创新，通过推广特色金融产品来促进科技金融资源的空间流动、对周边地区的科技金融活动产生激励示范作用、带动周边地区金融业的发展。另一方面，金融空间集聚过程中伴随着激烈的竞争，地区间会产生大量金融模仿行为。通过促进城市科技金融网络的形成、金融机构数量的增加，金融集聚也有利于降低城市科技创新活动中的投资风险，显著促进科技创新，因此科技金融在推动科技发展时会产生技术溢出效应，以此促进邻近地区科技水平的提高。

根据"中心—外围"理论，科技金融能够发挥促进邻近地区发展的空间溢出效应。科技金融资源丰富的地区便于实现规模经济，当区域范围内金融资源集聚程度较高时，意味着科技金融机构数量多，科技金融服务种类丰富，覆盖范围广，创新型企业可以依靠充足的科技金融供给创造收益。为了创造更高的收益，企业可能会在邻近地区设立分支机构，通过输送资本与人才促进邻近地区科技金融服务体系建设。此外，地区间金融机构之间的合作有利于实现科技金融区域一体化，提高邻近地区科技金融发展水平。随着数字经济与金融科技发展水平的持续提高，科技金融服务受地理因素的限制大幅度降低，科技金融基于互联网开展的金融业务与服务不仅可以扩大科技金融的辐射范围（Goldfarb and Tucker，2019），还可以通过资本、人才与信息的跨区域流动，促进邻近地区科技金融发展。

2. 城市科技创新的知识溢出

科技金融通过强化对创新活动的支持，有效促进了知识积累和技术扩散，由此实现了"空间资源配置效应"。例如，政府成果转化基金以及专业风险投资机构对知识应用和传播的贡献。这种由于创新的正外部性导致知识溢出效应（Griliches，1991），知识溢出的载体主要为专利、人才流动以及新产品。地理邻近地区在贸易往来、产业关联以及社会经济特征上存在关联，科技创新过程中的专业人才、专利技术、出版物、新产品等成果通过产业、行业间的信息交流和合作网络等渠道传播至邻近城市，邻近地区通过技术模仿或技术购买等行为吸收新知识。根据智慧芽创新研究中心发布的《2023 全球企业知识产权创新调研报告》，中国企业的科技创新模式以自主研发为核心，但同时也有 44.7% 和 20.9% 的企业，至少会"有时"向外部科研机构以及其他企业购买技术和专利，从而获得技术能力。企业在技术市场寻求其他机构的技术支持，有效利用先进地区的创新资源开展创新活动。

由于地区间存在技术差距使得知识与技术的自然输出与外露，科技创新水平中等的城市为实现创新驱动发展也会积极寻求与周边科技创新发展能力较高的城市合作，以此实现区域间的知识溢出效应。也就是说，一个区域高技术产业的知识生产不仅增加自身区域的知识存量，而且会溢出到邻近区域，引起邻近区域知识存量的增加（王立平，2005）。地区开展研发活动以及吸引研发人员，研发人员的跨区域流动，为不同地区与企业间的知识溢出提供了传递渠道，因此，一个地区的科技金融活动会影响临近地区开展相关联的科技创新活动（Bottazzi and Peri，2003），从而对邻近地区产生空间溢出效应。

邻近地区的产学研合作同样是知识溢出的重要渠道之一，在合作过程中能够加快知识技术向企业方向溢出，让企业以此获取科研机构开展基础研究的前沿知识，引导企业明确创新方向，为提升核心技术创新能力奠定坚实基础，还能够拓宽企业知识储备宽度，对提高企业创新广度与深度起到重要作用。Haschka 和 Herwatz（2020）指出，与大学以及竞争对手的地理位置临近能够推动出口企业吸收本地知识溢出效应和激发竞争力的外部性。此外，出于商业化成本及与高校长期稳定的合作考虑，重点实现研究成果产品化的企业倾向于分布在高校周边以获取本地知识溢出（Abramovsky et al.，2011）。

二、研究设计

（一）样本数据来源

城市作为技术创新要素与资源集聚的策源地，是科技金融赋能创新发展的关键主体，提高城市创新水平成为实现创新驱动发展的重要选择。因此，本节选取 2008~2021 年《中国城市统计年鉴》中统计的城市作为研究样本，剔除了在样本区间内发生行政区划变动或数据缺失严重的城市（铜仁市、毕节市、三沙市、海东市、昌都市、日喀则市、儋州市、林芝市、吐鲁番市、山南市、哈密市、那曲市、莱芜市与拉萨市）。城市层面的数据来自《中国城市统计年鉴》，缺失值则根据各地区统计公报和线性插值法补齐。按照城市加总的企业数据来自国泰安数据库以及 Wind 数据库，最终由 3976 个观测值构成平衡面板数据。实证部分使用的软件为 Stata 17.0 与 MATLAB R2023a。

（二）变量定义

被解释变量：创新水平（Innovation）。现有研究将城市创新水平具体分为两类：一类是根据《中国城市与产业创新报告 2017》中的城市创新指数进行表示（Cheng et al.，2022）；另一类是使用城市的专利申请量和专利授权量进行表示（Wang and Deng，2022）。由于《中国城市与产业创新报告 2017》中计算的创新指数只截止到 2016 年，为了保证样本量足够大，本节选取城市专利授权量（万件）作为解释变量，专利申请量作为稳健性检验的替换指标。

核心解释变量：科技金融（STF）。使用第五章第一节的测算方法和结果。

控制变量包括产业结构（Ind）、创新水平（Inno）、信息化水平（Int）、教育支出水平（Edu）、金融发展水平（Fin）、人力资本（Labor）以及居民消费水平（Cost）。其中，产业结构以第二产业增加值占该地区 GDP 比重表示；信息化水平以国际互联网用户数占年末总人口的比重表示；教育支出水平以教育支出占财政支出的比重表示；金融发展水平以年末金融机构贷款余额的对数值表示；人力资本以该地区高等学校在校生人数的对数值表示；居民消费水平以社会消费品零售总额占该地区 GDP 比重表示。各变量的描述性统计分析如表 5-9 所示。

表 5-9　描述性统计

变量	样本量	均值	标准差	最小值	最大值
STF	3976	0.0099	0.04	0.0001	0.5929
Ind	3976	46.416	11.166	10.680	90.970
Inno	3976	0.577	1.560	0.0001	27.951
Int	3976	0.178	1.828	0.018	0.377
Edu	3976	0.983	0.040	0.075	9.622
Fin	3976	0.823	0.617	0.007	2.772
Labor	3976	3.911	0.776	0.115	6.141
Cost	3976	0.374	0.108	0	1.013

（三）模型构建

全局 Moran's I 指数是用来验证变量在整体上是否存在空间自相关关系。在本节中若存在空间自相关关系则意味着当两个城市距离较近时，城市的科技金融和创新发展的变化就具有相似性；如果科技金融或创新水平高的城市和另一个同样属于高水平的城市出现集聚现象，则称为空间正自相关；如果科技金融和创新水平高的城市和另一低水平城市出现集聚现象，则称为空间负自相关；如果距离较近的城市之间没有出现以上集聚现象，表示不存在空间自相关性。通过计算全局 Moran's I 指数，可以衡量空间自相关程度。具体计算方式参考公式（5-7）。

　　表5-10是使用全局Moran's I指数计算的科技金融和创新水平的空间自相关结果。2008~2021年，Moran's I指数均在1%的水平下显著为正，意味着科技金融和创新水平存在正向的空间自相关特征。此外，Moran's I指数逐年增大，在2012年达到了峰值，在2013~2021年略有减小，增长趋势为"倒U形"曲线，表明科技金融和创新水平的空间集聚特征显著增强后略有减弱，创新水平全局Moran's I指数的变化幅度不大，说明创新水平具有一定的时序惯性和空间稳定性。虽然科技金融的空间集聚特征变化幅度大于创新水平，但在样本区间内依旧显著。因此，在分析科技金融和创新水平情况时，不能使用普通面板计量模型，应该纳入空间因素。

表5-10　空间相关性检验

年份	Moran's I指数	Z值	P值	Moran's I指数	Z值	P值
	创新水平			科技金融		
2008	0.071	12.521	0	0.012	3.029	0
2009	0.082	14.584	0	0.009	2.350	0
2010	0.093	16.039	0	0.012	2.856	0
2011	0.093	16.473	0	0.015	3.369	0
2012	0.099	17.489	0	0.078	13.279	0
2013	0.092	16.056	0	0.070	11.986	0
2014	0.082	14.280	0	0.066	11.348	0
2015	0.081	14.004	0	0.057	9.821	0
2016	0.071	12.325	0	0.052	9.166	0
2017	0.073	12.864	0	0.043	7.691	0
2018	0.080	13.912	0	0.043	7.624	0
2019	0.075	13.185	0	0.045	7.972	0
2020	0.077	13.436	0	0.040	7.143	0
2021	0.072	12.705	0	0.036	6.453	0

　　科技金融影响邻近城市创新空间溢出效应的检验可以运用空间计量模型进行估计。区别于传统的面板数据模型，空间计量模型通过建立空间权重矩

阵来表示各城市之间的邻近性，进而对各城市的空间面板数据进行估计。常见的空间计量模型有空间滞后模型（Spatial Lag Model，SLM）、空间误差模型（Spatial Error Model，SEM）和空间杜宾模型（Spatial Durbin Model，SDM），其中空间滞后模型和空间误差模型是空间杜宾模型的特殊形式。这三类空间计量模型如下所示：

$$y=\rho Wy+X\beta+\varepsilon,\ \varepsilon\sim N(0,\ \sigma_\varepsilon^2 I_n)\qquad\qquad(5-10)$$

$$y=X\beta+\lambda W\mu+\varepsilon,\ \varepsilon\sim N(0,\ \sigma_\varepsilon^2 I_n)\qquad\qquad(5-11)$$

$$y=\rho Wy+X\beta+WX\theta+\varepsilon,\ \varepsilon\sim N(0,\ \sigma_\varepsilon^2 I_n)\qquad\qquad(5-12)$$

为了验证空间计量模型的选取是否合理，首先对核心解释变量与被解释变量进行空间自相关检验，以此判断传统面板模型中是否有必要纳入空间效应。其次可采用 LM 检验、Wald 检验、LR 检验对模型的具体形式进行判定，根据检验结果可判断选取哪一种空间计量模型进行估计。此外，根据效应还可将空间计量模型分为随机效应和固定效应，其中固定效应模型又可以分为空间固定、时间固定以及时空固定效应，针对效应的选取可使用 Hausman 检验加以判断。

表 5-11 空间杜宾模型适用性检验

统计内容	检验统计量	P 值
LM（lag）检验	179.54	0
Robust LM（lag）检验	104.61	0
LM（error）检验	2992.97	0
Robust LM（error）检验	2918.04	0
LR 检验：spatial lag	233.32	0
Wald 检验：spatial lag	36.35	0
LR 检验：spatial error	240.29	0
Wald 检验：spatial error	90.23	0

根据表 5-11 结果可知，LM 检验表明，模型存在显著的空间滞后效应与空间误差效应。在此情况下，本节进一步采用 LR 检验和 Wald 检验验证空间杜宾模型能否退化为空间滞后模型和空间误差模型。检验结果显示，各统计量均在 1% 的水平下显著，即空间杜宾模型均不能退化为空间滞后模型或空

间误差模型。因此，本节构建空间杜宾模型考察科技金融影响创新的空间溢出效应。模型的具体形式如下：

$$Inno_{it} = \rho \sum W_{ij}Inno_{it} + \beta STF_{it} + \gamma \sum W_{ij}STF_{it} + \theta X_{it} + \eta \sum W_{ij}X_{it} + \varepsilon_{it}$$

$$(5-13)$$

其中，模型（5-13）中 $Inno_{it}$ 为城市 i 在 t 年时期的创新水平。STF_{it} 为城市 i 在 t 年时期的科技金融发展水平。X_{it} 则为控制变量集，包括产业结构（Ind）、信息化水平（Int）、教育支出水平（Edu）、金融发展水平（Fin）、人力资本（Labor）以及居民消费水平（Cost）。ε_{it} 为随机扰动项，ρ 表示邻近城市创新水平对本地区创新的影响，β 表示本地区科技金融对本地区创新水平的影响，γ 表示邻近城市科技金融发展水平对本地区科技金融发展水平的影响，η 则为控制变量集的空间溢出效应。W_{ij} 表示空间权重矩阵，用于反映地区间空间溢出效应的路径与强度，空间权重矩阵刻画了个体间关系的表现形式，是空间计量经济模型的内核。一般来说，常用的空间权重矩阵包括外生性较强的邻接矩阵（基于地区是否邻接构建）和地理反距离矩阵（基于地区之间距离的倒数构建），考虑到邻近矩阵可能会存在"孤岛"现象，因此在基准回归中采用地理反距离矩阵，具体的计算方式如公式（5-14）所示：

$$W_d = \begin{cases} 0, & i=j \\ \dfrac{1}{d^{ij}}, & i \neq j \end{cases} \qquad (5-14)$$

公式中，W_d 为空间权重矩阵，d_{ij} 为两城市间经纬度计算的地理距离。

三、实证结果分析

（一）基准回归

基于空间杜宾模型的回归结果如表 5-12 所示。其中，第（1）列是未加入控制变量的估计结果，第（2）列是控制个体固定效应情况下的估计结果，第（3）列是控制时间固定效应情况下的估计结果，第（4）列是双向固定效应情况下的估计结果。回归结果表明，无论是在哪种情况下，创新水平的空间滞后系数 ρ 均在 1% 的水平下显著为正，创新水平存在显著的正向空间溢出效应，表明邻近城市创新的提高会通过地理或技术上的关联，显著改善本地城市的创新水平。从整体来看，科技金融（STF）的回归系数在1%的水平下同样显著为正，然而0.340代表着科技金融能够赋能城市创新的全局效应，这是因为空间滞后项的存在，除因变量的空间项外，根据模型（5-13）各变量回归系数而反映自变量对因变量的影响是有偏的（LeSage and Pace，2009；Elhorst，2014）。因此，要比较分析各个解释变量间的作用效果差异及其空间外溢效应。对此，LeSage 和 Pace（2009）提出了采用平均直接效应和平均间接效应来刻画上述空间计量模型中解释变量对被解释变量影响的方法，即利用偏微分求导进一步测算科技金融的直接效应和间接效应，基于此判断一个城市的科技金融能否对该地区创新和邻近城市创新产生影响。

表5-12　科技金融影响创新的空间杜宾模型回归结果

变量	（1）	（2）	（3）	（4）
STF	0.344***	0.342***	0.303***	0.340***
	（73.492）	（72.868）	（93.969）	（72.182）
Ind		0.004*	0.006***	0.004*
		（1.797）	（4.762）	（1.738）
Int		0.011	0.043***	0.005
		（0.728）	（2.823）	（0.367）
Edu		2.363***	−0.155	2.575***
		（5.273）	（−0.443）	（5.625）
Fin		0.077**	0.069***	0.062**
		（2.507）	（3.123）	（2.021）
Labor		0.150***	0.222***	0.147***
		（2.902）	（9.735）	（2.855）
Cost		0.130	−0.370***	0.073
		（0.754）	（−2.843）	（0.414）
W×STF	−0.091***	−0.228***	0.092***	−0.064
	（−2.663）	（−8.092）	（2.925）	（−1.561）
W×Ind		0.013	−0.024**	0.046**
		（1.614）	（−2.505）	（2.436）

续表

变量	（1）	（2）	（3）	（4）
W×Int		−0.053**	0.047	0.212**
		（−2.183）	（0.477）	（1.968）
W×Edu		−1.463	5.846**	−9.315**
		（−0.982）	（2.344）	（−2.449）
W×Fin		0.423*	0.527***	1.312***
		（1.665）	（2.641）	（4.147）
W×Labor		0.548*	−1.059***	−0.499
		（1.727）	（−6.557）	（−0.939）
W×Cost		−1.099*	−0.013	0.744
		（−1.733）	（−0.014）	（0.745）
ρ	0.930***	0.903***	0.843***	0.925***
	（80.450）	（54.282）	（36.327）	（74.019）
直接效应	0.357***	0.346***	0.312***	0.353***
	（69.278）	（77.588）	（88.286）	（67.810）
间接效应	3.332***	0.866***	2.268***	3.438***
	（4.392）	（2.845）	（5.547）	（4.037）
总效应	3.689***	1.212***	2.580***	3.791***
	（4.982）	（3.972）	（6.287）	（4.438）
City FE	YES	YES	NO	YES
Year FE	YES	NO	YES	YES
R^2	0.8951	0.8958	0.8267	0.8975
N	3976	3976	3976	3976

注：①*、**、***分别表示在10%、5%、1%的水平下显著；②第（1）列是不包括控制变量的回归结果，第（2）列是控制城市固定效应的回归结果，第（3）列是控制时间固定效应的回归结果，第（4）列是同时控制城市和时间固定效应的回归结果。

在验证科技金融赋能创新可能存在空间溢出效应的基础上，下文则基于偏微分方式将科技金融影响创新的效应分解为直接效应、间接效应和总效应。其中，直接效应反映的是一个城市的科技金融对该城市创新的影响，间接效应则反映了一个城市的科技金融对邻近城市创新的影响，根据间接效应系数的显著性则可以判断是否存在空间溢出效应，总效应则是直接效应与间接效应的总和。表 5-12 的直接效应与间接效应显示，科技金融能够显著促进本地区创新，此外还对邻近城市的创新起到了显著的推动作用，实现了正向的空间溢出效应。值得注意的是，科技金融的空间溢出效应更为明显，可能的原因是科技金融缩短了科技创新活动的进度，加速了知识溢出与技术扩散，通过研发成果的引进与学习模仿使得邻近地区能够以较短的时间提高创新水平，从而带动周边地区创新水平的提升。

（二）稳健性检验

1. 更换被解释变量

在基准回归中采用的是各城市专利授权数衡量的创新水平，而专利申请量是各地区创新水平的真实反映且具备时效性，专利转让能够较好地反映创新主体通过创新活动实现的经济绩效，专利转让的数据来源于 innojoy 专利数据库。分别将被解释变量更换为专利申请数（万件）和专利转让数（万件）进行回归，回归结果如表 5-13 的第（1）列与第（2）列所示。可以看出，科技金融赋能本地区创新的结论依旧没有发生改变，对于邻近地区的溢出效应则更为明显，进一步验证了基准回归的结论。

表 5-13 稳健性检验

变量	（1）	（2）	（3）	（4）
	更换被解释变量		更换矩阵	更换模型
STF	0.489***	0.040***	0.285***	0.337***
	(100.769)	(98.604)	(59.437)	(74.511)
Ind	0.004	0.001***	0.002	0.003
	(1.619)	(3.327)	(0.846)	(1.469)
Int	-0.013	0.001	0.037***	0.016
	(-0.831)	(1.051)	(2.963)	(1.117)
Edu	2.943***	0.191***	1.612***	2.231***
	(6.238)	(4.799)	(4.313)	(5.212)
Fin	0.039	-0.001	0.071***	0.100***
	(1.222)	(-0.527)	(2.735)	(3.342)

续表

变量	（1）	（2）	（3）	（4）
	更换被解释变量		更换矩阵	更换模型
Labor	0.205***	0.001	0.043	0.093*
	(3.859)	(0.314)	(0.959)	(1.863)
Cost	−0.193	0.040***	0.016	0.111
	(−1.062)	(2.620)	(0.118)	(0.698)
W×STF	−0.045	0.011**	−0.004	
	(−0.993)	(2.504)	(−0.225)	
W×Ind	0.028	0.003	0.012**	
	(1.440)	(1.599)	(2.429)	
W×Int	0.147	−0.006	0.052	
	(1.322)	(−0.614)	(1.527)	
W×Edu	−7.191*	−0.501	1.950**	
	(−1.835)	(−1.512)	(1.998)	
W×Fin	0.646**	0.055**	0.415***	
	(1.981)	(2.007)	(5.099)	
W×Labor	−1.609***	−0.164***	−0.000	
	(−2.940)	(−3.546)	(−0.001)	
W×Cost	−0.010	−0.012	0.277	
	(−0.010)	(−0.137)	(0.812)	
ρ	0.804***	0.593***	0.750***	0.900***
	(27.170)	(10.378)	(69.951)	(57.436)
直接效应	0.496***	0.041***	0.320***	0.348***
	(107.456)	(96.067)	(70.804)	(68.205)
间接效应	1.799***	0.089***	0.810***	3.130***
	(5.064)	(5.693)	(13.349)	(5.060)
总效应	2.295***	0.130***	1.130***	3.478***
	(6.445)	(8.303)	(18.349)	(5.603)
City FE	YES	YES	YES	YES
Year FE	YES	YES	YES	YES
R²	0.9429	0.9155	0.9237	0.8961
N	3976	3976	3976	3976

注：*、**和***分别表示在10%、5%和1%的水平下显著；括号内为t值。

2. 更换空间权重矩阵

已有研究证明，知识溢出不仅发生在地理邻近范围内，还会在技术关联范围内进行传播（Jaffe，1986）。因此，设立以技术水平作为地区间联系关系的技术距离矩阵，通常以专利之差绝对值的倒数进行构建，但这类空间权重矩阵存在着内生性问题，容易弱化空间计量回归模型的科学性，导致整体估计结果出现偏差，因此可借鉴陈俊（2021）和王欣亮等（2023）在技术水平基础上纳入地理距离的思想进行构造，消除单一技术水平造成的内生性问题，本节采用的以技术距离和地理反距离构成的嵌套矩阵的计算方式如公式（5-15）所示：

$$W_{dt} = W_d \times W_t, \quad W_t = \begin{cases} 0, & i=j \\ \dfrac{1}{|\, \text{pantent}_i - \text{pantent}_j \,|}, & i \neq j \end{cases} \quad (5\text{-}15)$$

由表5-13第（3）列的估计结果可知，科技金融作用于创新发展直接效应与空间溢出效应稳健性良好，技术距离邻近性的空间溢出效应要小于地理邻近性的空间溢出效应，说明科技金融的空间溢出效应在地理邻近性条件下更为明显，此外空间溢出效应系数同样大于直接效应的系数，证明在技术距离和地理反距离构成的嵌套矩阵下基准回归的结论是可靠的。

3. 更换空间计量模型

在空间计量模型遴选时选择了空间杜宾模型（SDM）进行回归，但空间自回归模型（SAR）仍可以作为稳健性检验的模型，并且考虑到空间误差模型（SEM）不能将总效应分为直接效应和空间溢出效应，故基于空间自回归模型（SAR）的估计结果如表5-13中的第（4）列所示，可以看出，科技金融的直接效应和空间溢出效应的系数符号和显著性均未发生明显改变，证明基准回归的结论依旧稳健。

（三）异质性分析

1. 转移支付异质性

科技金融作为驱动科技创新发展的关键动力，其效果可能受到转移支付配置方式的影响。一方面，转移支付为地方政府提供了额外的财政资源，可用于加强政策性科技金融体系建设，扩大政策性科技金融支持力度。另一方面，经常获得中央转移支付的城市其自身收入难以满足支出需求，地方政府可能将资金优先用于保障运转而非促进创新，导致科技金融赋能创新发展的动力不足。为了探讨科技金融对创新的驱动作用是否受来自中央转移支付的影响，基于 Wind 数据库汇各城市专项转移支付收入数据，以各城市在样本区间获得转移支付的城市则赋值为 1，否则为 0，进而构建转移支付虚拟变量与科技金融的交互项，使用模型（5-13）的估计结果如表 5-14 的第（1）列所示。相较于未获得转移支付的城市而言，获得转移支付城市的科技金融对创新的促进作用相对减弱表明该类城市可能存在转移支付资金未能有效配置到创新领域的问题，科技金融体系建设存在改善空间。

2. 高科技产业异质性

高科技产业是不断开展研究开发与技术成果转化的重要载体，是推动创新驱动发展的重要源泉，也是科技金融的重点服务对象。因此，某个城市所具有高科技产业的数量一定程度上反映了该城市的区域创新水平。为了探讨科技金融对创新的驱动作用是否受城市高科技产业分布的影响，将各城市在样本区间内上市高新技术企业数量的均值和全样本上市高新技术企业数量的均值做比较，大于均值的城市则赋值为 1，否则为 0，进而构建高科技产业分布虚拟变量与科技金融的交互项，使用模型（5-13）的估计结果如表 5-14 的第（2）列所示。在高科技产业发达的城市，科技金融赋能城市创新的作用更为明显，可能的原因在于高科技产业发达的城市本身创新水平较高，新产品与新技术创造的收入也较高，金融服务和科技创新更容易产生互动，因此科技金融的投入在这类城市更能起到"锦上添花"的效果。同时，这种良性互动也有利于邻近城市进行学习和模仿，以及技术转移等方式产生正向空间溢出，进而放大集聚的正向外部性，导致邻近地区的空间溢出更为明显。

表 5-14　转移支付异质性与高科技产业异质性

变量	转移支付异质性	高科技产业异质性
STF_Dummy	-0.075^{***}	0.323^{***}
	(-10.762)	(5.673)
STF	0.376^{***}	0.019
	(64.645)	(0.335)

续表

变量	转移支付异质性	高科技产业异质性
Dummy	0. 164 ***	−0. 491 ***
	(6. 248)	(−12. 908)
Ind	0. 004	0. 006 **
	(1. 514)	(2. 366)
Int	−0. 003	0. 009
	(−0. 219)	(0. 594)
Edu	2. 353 ***	2. 427 ***
	(5. 233)	(5. 399)
Fin	0. 040	0. 074 **
	(1. 325)	(2. 474)
Labor	0. 148 ***	0. 154 ***
	(2. 920)	(3. 037)
Cost	0. 019	0. 241
	(0. 111)	(1. 392)
W×STF_ Dummy	−0. 370 ***	1. 802 **
	(−4. 710)	(2. 077)
W×Dummy	−0. 019	−0. 595
	(−0. 419)	(−1. 041)
W×STF	1. 400 ***	−1. 918 **
	(4. 890)	(−2. 181)
W×Ind	−0. 006	0. 057 ***
	(−0. 308)	(3. 045)
W×Int	0. 006	0. 107
	(0. 052)	(0. 983)
W×Edu	−5. 313	−7. 964 **
	(−1. 421)	(−2. 136)
W×Fin	0. 820 ***	1. 391 ***
	(2. 576)	(4. 427)
W×Labor	−0. 110	0. 153
	(−0. 209)	(0. 284)

续表

变量	转移支付异质性	高科技产业异质性
W×Cost	−0. 116	0. 321
	(−0. 117)	(0. 319)
ρ	0. 896***	0. 924***
	(52. 854)	(72. 276)
直接效应	−0. 091***	0. 428***
	(−11. 449)	(5. 615)
间接效应	−4. 332***	28. 834**
	(−4. 038)	(2. 194)
总效应	−4. 423***	29. 262**
	(−4. 108)	(2. 219)
City FE	YES	YES
Year FE	YES	YES
R^2	0. 9019	0. 9021
N	3976	3976

注：*、**和***分别表示在10%、5%和1%的水平下显著；括号内为 t 值；STF_Dummy 是科技金融分别与转移支付虚拟变量和高科技产业虚拟变量的交互项。

3. 科技金融运作模式异质性

为了进一步分析科技金融运作模式异质性对创新的影响，探讨不同科技金融运作模式形式的效果，基于数据的可获得性，分析财政科技投入（FT）、科技贷款（TL）、风险投资（VC）和科技资本市场（TM）能否对创新产生促进作用，对邻近地区创新能否发挥空间溢出效应。其中，狭义角度的财政科技投入反映的是政府通过财政资金支持创新活动的模式，用该城市的科学支出金额的对数值进行表示。科技贷款既包括高新技术企业获得的贷款，也包括科研院所、科技中介机构等事业单位获得的贷款，按照城市和年份对属于该城市高新技术企业获得的银行贷款额进行加总，作为衡量各城市科技贷款的指标。创业风险投资以 Wind 数据库中各城市风险投资金额的对数值进行表示。科技资本市场的实质是为高新技术企业提供直接融资的所有资本市场，与科技贷款的衡量思路类似，按照城市和年份对属于该城市高新技术企业首次公开募股金额进行加总，作为衡量各城市科技资本市场的指标。依次选取这四类科技金融实施方式作为核心解释变量，基于模型（5-13）的回归结果如表 5-15 所示。

表 5-15 科技金融运作模式检验

变量	（1）	（2）	（3）	（4）
FT	0.527***			
	(10.938)			
VC		0.015**		
		(2.090)		
TL			0.074***	
			(6.448)	
TM				12.784***
				(54.463)
Ind	0.001	0.003	0.003	0.004
	(0.151)	(0.795)	(0.809)	(1.535)
Int	−0.035	−0.029	−0.030	0.017
	(−1.538)	(−1.223)	(−1.275)	(1.028)
Edu	5.885***	5.960***	5.781***	2.416***
	(8.368)	(8.333)	(8.132)	(4.676)
Fin	0.088*	0.111**	0.112**	0.055
	(1.853)	(2.307)	(2.348)	(1.608)
Labor	0.371***	0.452***	0.434***	0.103*
	(4.649)	(5.591)	(5.404)	(1.775)
Cost	−0.761***	−0.873***	−0.890***	0.085
	(−2.801)	(−3.165)	(−3.250)	(0.429)
W×STF	0.246	0.372***	0.612***	−9.338***
	(0.746)	(4.192)	(5.260)	(−5.327)
W×Ind	0.056*	0.080**	0.101***	0.052**
	(1.856)	(2.669)	(3.405)	(2.432)
W×Int	−0.121	−0.197	−0.154	−0.029
	(−0.725)	(−1.162)	(−0.917)	(−0.243)

续表

变量	（1）	（2）	（3）	（4）
W×Edu	−20.549***	−22.460***	−17.417***	−15.395***
	（−3.497）	（−3.752）	（−2.938）	（−3.586）
W×Fin	3.977***	2.937***	3.041***	2.462***
	（7.468）	（5.924）	（6.176）	（6.920）
W×Labor	3.534***	4.821***	3.867***	3.464***
	（4.085）	（6.279）	（4.935）	（5.993）
W×Cost	1.175	1.598	0.851	0.727
	（0.76）	（1.021）	（0.546）	（0.647）
ρ	0.935***	0.938***	0.931***	0.849***
	（82.077）	（84.149）	（75.265）	（32.764）
直接效应	0.570***	0.039***	0.125***	12.828***
	（11.986）	（3.762）	（6.906）	（56.412）
间接效应	11.954**	6.437***	10.039***	10.115
	（2.112）	（3.204）	（3.776）	（0.864）
总效应	12.524**	6.476***	10.164***	22.943*
	（2.208）	（3.211）	（3.804）	（1.964）
City FE	YES	YES	YES	YES
Year FE	YES	YES	YES	YES
R^2	0.7551	0.7467	0.7503	0.8598
N	3976	3976	3976	3976

注：*、**和***分别表示在10%、5%和1%的水平下显著；括号内为t值。

从表5-15中可以看出，财政科技投入驱动城市科技创新的效果虽然比较明显，但仍显著低于科技资本市场的支持效果，证明支持主体已由政策性科技金融转为商业性科技金融。可能的原因在于：一方面科技资本市场资金是科技创新活动融资的重要源泉；另一方面也反映出活跃的资本市场对高风险高回报的科技创新项目的热情远远高于政府部门与银行信贷体系。而政府财政科技投入对高新企业经营绩效的促进作用有限，存在一定滞后效应。由于创新活动在技术开发与转化阶段均需要资金的持续供应，同时创新活动往往具有周期长、研究成果不确定的特点，而风险投资对创新失败的容忍度较高，能够为创新活动提供资金。因此，风险投资也能发挥促进创新水平发展的效应。此外，由于创新活动这一系列特点也导致创新主体难以获得贷款金额，回归结果显示，科技贷款能够有效缓解创新主体资金短缺的问题，鉴于我国科技支行数量较少，仍处于发展初期阶段，因此对于创新水平的作用效果远小于财政科技投入。从溢出效应来看，科技资本市场发挥空间溢出效应也显著高于其他运作模式，可能的原因在于资本市场整合能加快研发资本自由流动，继而有助于产生间接的知识溢出效应。此外，其他科技金融运作模式均能够通过知识溢出或金融溢出等方式发挥空间溢出效应。

4. 空间异质性

为了检验科技金融对城市科技创新的空间异质性效应，考察科技金融对创新水平的溢出效应是否存在空间衰减边界。设定100千米为空间权重矩阵的初始距离阈值，每期递增100千米，至1000千米范围结束，每次使用SDM模型回归并记录间接效应系数，探究空间溢出的地理边界。图5-4绘制了间接效应系数随着空间距离的变化趋势。具体看，随着城市之间距离的增加，在自身所在城市300千米以内，科技金融对邻近城市创新水平的带动效应会

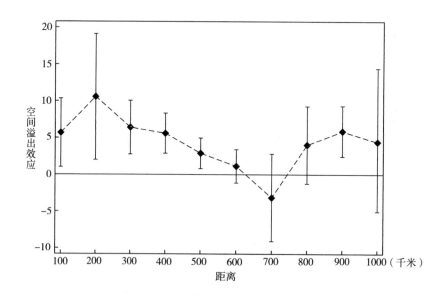

图5-4　科技金融对城市科技创新的空间异质性检验

呈现先变大、再变小的倒 U 形变化趋势。值得注意的是，在自身所在城市 200 千米内，其对周边 100~200 千米范围内城市创新水平的带动效应达到最大，而当距离大于 600 千米后，科技金融对周边城市创新水平带动效应又变得不显著。这也验证了科技金融的空间溢出效应表现为随距离而衰减的特征。

四、本节结论与建议

本节主要研究了空间视角下科技金融对城市科技创新的影响。运用 2008~2021 年中国 284 个城市的数据进行了实证检验，得出以下结论：①科技金融可显著赋能城市科技创新水平的提高，且存在有助于促进邻近城市科技创新的空间溢出效应。金融通过多种途径有效服务于科技创新，提高了城市科技创新能力，在创新能力提升过程中还依靠知识溢出和空间溢出推动了邻近地区的发展，结论具有稳健性。②科技金融赋能城市科技创新的效果因城市属性而产生差异。在高科技产业发达的城市，科技金融赋能城市科技创新表现为"锦上添花"的作用，针对邻近城市科技创新的发展同样发挥了正向的空间溢出效应。③按照科技金融运作模式的差异，对比分析财政科技、科技贷款、创业风险投资与科技资本市场对城市科技创新的影响，其中科技资本市场的促进作用明显高于其他途径，且本地城市与邻近城市能受到来自各个运作模式不同程度的直接效应与空间溢出效应。④科技金融的溢出效应存在着随地理距离变化而衰减的特征，在 100~200 千米范围内，科技金融的溢出效应达到了顶峰，当邻近地区与本地城市之间的距离超过 600 千米时溢出效应的驱动效果则未能起到作用。

因此，为提高科技金融对城市创新的驱动力可以采取以下策略：一是通过政策制定和实施，加大政策性科技金融（如财政科技拨款、创新基金、创新补贴等）在技术研发、孵化以及科技成果转化阶段的投入规模和支持力度；二是引导市场化科技金融（以商业银行、风险投资机构为主体），加大在科技成果转化阶段的投入规模和支持力度；三是通过政策性科技金融和市场化科技金融相关主体的协同及运作模式的创新（如政府、银行、风险投资机构等主体协同组建的政府引导基金、投贷联动模式等），提高地区科技金融服务于实体创新的能力；四是充分发挥各地城市科技金融中心对周围城市的辐射带动作用，建立区域间科技金融的协调发展机制，通过区域间的科技金融协作，加速科技金融资源的流动，缩小区域科技金融的发展差异，使科技金融成为促进区域创新发展的重要力量。

第六章　研究结论与政策建议

　　本章通过第二章对于科技金融现状的描述，发现科技金融在支持科技创新过程中仍然存在供给不足的问题，如财政科技投入对企业创新支持不足、政府引导基金规模较低、投向中小科技创新企业以及初创企业的创业风险投资相对较低、专利质押贷款等专项科技贷款规模较小以及科技保险发展缓慢等问题。第三章和第四章的实证分析说明不同科技金融手段对创新不同阶段的支持。第五章则研究了科技金融在区域层面的发展以及对科技创新的支持。本章首先对全书的研究结论进行总结，找到科技金融发展中的供给不足问题，并针对这些问题给出了相应的政策建议，以期促进科技金融的发展。

第一节　研究结论

一、科技金融有效促进了科技创新的发展

　　从科技金融支持科技创新的资金规模以及发展水平上来看，商业性科技金融发展水平更高，其中资本市场对科技创新企业的支持力度最大，该结论在第五章的研究中也得到了证实，即科技资本市场对科技创新的影响作用最大；科技企业贷款（包括知识产权质押专项贷款以及针对科技企业的贷款）次之，然后分别是税收优惠、财政科技支出、政府补贴、政府引导基金

和科技保险。

从科技金融支持科技创新的阶段上看，政策性科技金融通过财政拨款、研发资助/基金/奖励、风险补偿、税收优惠等方式鼓励企业进行自主研发。政府引导基金以及公开上市、创业风险投资、银行贷款最有可能为成功开发新产品并投入生产的科技创新企业提供资金支持，以促进科技成果向生产力的转化。第三章和第四章的实证分析发现，在整个创新过程阶段，资金量供给最大的资本市场、科技贷款以及创业风险投资中的私募股权投资均显著影响科技创新的成果转化和产业化环节，对于企业技术研发以及基础研究的关注度和影响不足。

从城市科技金融的发展以及对城市科技创新的影响来看，我国目前科技金融的发展仍然表现出不平衡的状态，尤其是东西部科技金融发展水平表现出明显差距。但是城市科技金融的发展不仅有效促进了本地区科技创新，还对地理邻近地区产生了空间溢出效应。也就是说，如果地区本身科技金融不太发达，但是紧挨科技金融发达地区，那么也会享受到科技金融发达地区对本地区科技创新的辐射带动作用。

二、科技金融有效供给仍然不足

科技金融供给不足表现在两个方面：一是科技金融总量相对金融总量而言，占比较低，如研发补贴占企业补贴总额的比例、成果转化基金占政府引导基金的比例、科技贷款占人民币贷款总额的比重等；二是科技金融支持政策性工具和产品不够丰富，例如，针对科技型企业特别是中小企业融资担保业务模式产品，针对科技企业技术研发、成果转化等环节的科技保险产品相对不足。

（一）政策性科技金融供给不足

从第二章第一节针对政策性科技金融的现状分析来看，政策性科技金融的规模普遍较小，针对技术研发和科技成果转化的政策性科技金融更是不足。政策性科技金融供给不足是由于资金的安全性要求和创新的风险性不匹配造成的。政策性科技金融在科技创新领域的投资集中于商业性科技金融不愿意过度涉足高风险领域或者长期性领域，如技术成果转化中的中试环节、技术研发中的基础研究和应用研究环节，这些环节距离市场化较远，难以产生可以预期的收益，因此需要政策性科技金融资金进入以弥补市场失灵，但是资金的回报性存在较大的不确定性。政策性科技金融的资金属于国有资产，而国有资产的使用又有"保证资金安全，实现国有资产保值增值"的要求。导致政策性科技金融中的财政科技投入很难进入企业，可以进入企业的财政补贴和税收优惠又要求企业有实实在在的研发项目或者技术成果。那么，新兴技术所带来的新兴产业或领域则需要依靠商业性科技金融，此时，政策性科技金融的"引导"作用难以发挥出来，商业性科技金融处于对市场盈利的追逐，也会对处于初创期和种子期创新项目缺乏投资积极性，导致科技创新难以进行。

（二）商业性科技金融供给不足

从第二章第二节对商业性科技金融的现状描述和第四章的实证研究可以发现，创业风险投资、银行贷款、资本市场对科技创新的技术研发以及成果转化都表现出较强的支持能力。但是，金融机构对于科技创新的支持力度仍存在较大的进步空间。商业银行的盈利来源主要为科技贷款的利息，盈利模式相对单一，且商业银行既不能以股权投资承受高科技企业的高风险，同时也无法获得科技创新所带来的超额收益，加上商业银行在发放贷款处于对风险的考虑，会要求相应的抵押物，而科技企业的资产以知识资产/无形资产为主，在没有市场化的情况下抵押物的价值难以衡量，因此，商业银行针对科技企业的贷款积极性并不高，针对科技企业的金融产品相对不足，科技贷款规模并不大。对于创业风险投资而言，尽管相较科技信贷更能容忍高风险的科技创新活动，但与发达国家的成熟资本市场中形成的投资机构相比，中国的科技投资机构在专业化、市场化和国际化的程度上仍存在一定的差距，创业风险投资发展不够充分，市场化运作不足，投资进度慢，对科技创新的促进效果远小于来自资本市场的驱动效果。在科技资本市场领域，重点支持科技创新的新三板和北交所成立时间较短，具体效能有待进一步发挥。科技保险的发展受多种因素的影响，一直规模不大。

（三）科技金融供给的结构性不足

首先，政策性科技金融和商业性科技金融合作有待完善。针对科技创新不同阶段的风险及收益特征，应该在不同阶段辅以不同的科技金融手段，如在技术研发阶段以政策性科技金融为主，在成果转化阶段和产业化阶段以商业性科技金融为主。目前，我国科技金融不同资源表现出分散性特征，在对科技创新的支持上配合度不高，比如，政府引导基金和创业风险投资一起投资于科技创新的成果转化和产业化阶段，那么就难以吸引社会资本进入技术研发领域。此外，在成果转化阶段，虽然主要是市场性科技金融在发挥作用，但是，政策性科技金融业要通过财政贴息以及风险补充机制分担科技创新项目风险，从而提高商业银行对科技企业的放贷积极性。

其次，科技金融区域结构失衡。在总体范围内，科技金融的发展即使存在空间收敛现象，但科技金融区域结构性失衡现在依旧明显。一是各地区科技创新与金融服务的融合程度不足。从科技金融发展程度来看，仅部分东部地区的省会城市实现了科技金融的协调发展，其他地区科技金融发展程度偏低；二是由于科技金融对科技创新体现出空间溢出效应，导致科技金融发达地区会通过溢出效应增强邻近地区的科技金融和科技创新发展水平，导致出现科技金融发展水平高的地区，科技创新发展水平高，再带动邻近地区提高科技金融发展水平和科技创新水平，而落后地区则愈加落后，区域科技金融发展差距进一步拉大。

第二节　政策建议

2020 年 10 月，党的十九届五中全会首次明确提出，把科技自立自强作为国家发展的战略支撑。为实现科技自立自强，必须要发挥科技金融对科技创新的引领作用，充分发挥政策性科技金融和商业性科技金融对资源配置的作用，构建涵盖多领域、多方协作的科技金融体系和综合服务网络，推动我国大力发展科技产业，提高科技自主创新能力，不断增强和提高国家竞争力。

一、发挥政府资金引导作用

要发挥政府对科技金融资源的配置作用，加大政策性科技金融资金投入力度，引导社会资本流向科技创新领域。通过设立专项基金、优化补贴政策、完善风险分担机制等措施，降低企业创新成本，激发市场活力。同时，加强政府与金融机构、企业的协同合作，构建多层次、多元化的科技金融服务体系，推动科技成果转化和产业升级，为经济高质量发展注入新动能。

（一）强化财政科技投入水平

通过政策制定和实施，加大政策性科技金融财政在企业技术研发、孵化以及科技成果转化阶段的投入规模和支持力度。国家财政投入的科技创新领域，都是与国家间科技竞争战略相关的重要领域、关键技术的研发项目，这些投入应该如同国家基础建设投资形成的资产一样。同时，通过创新财政科技投入方式，变财政拨款为财政贴息或风险补偿的方式加大对企业技术创新和科技成果转化以及产业化的支持力度。在财政科技投入的重大项目中增强企业力量，提高科技创新项目与市场的结合度，以更好地实现高质量科技成果的产出和转化。

（二）加大有效政府补贴力度

重点针对企业科技创新行为的关键阶段给予专项补贴，除研发补贴外，可以对企业实施基础研究或应用研究给予长期补贴支持；以及针对"小试""中试"阶段的专项补贴。为提高政府补贴的有效性和效率，可以在补贴后增加补贴资金审查，对于使用研发补贴做出阶段性研发成果的补贴对象，或者使用成果转化补贴能顺利实现科技成果转化的补贴对象，可以延续或加大补贴力度。此外，针对科技创新资源禀赋不足的中小型创新企业以及中下部地区企业等进行适当的政策倾斜，充分发挥政府补贴资金的扶持特性。

（三）提高减税降费的精准性

目前，我国针对企业创新减税政策，通过其广泛的适用对象、多样化的减税方式和显著的持续推广性，为企业创新发展提供了坚实的政策支持和激励。但是，目前的税收优惠政策仍然以注重减税的规模为主，税收优惠的精准竞争性不足，未来可根据企业发展及科技创新的不同阶段，创新不同的税费优惠方式，更有利于降低企业科技创新相关税费成本，进一步促进企业加大科技投入和加快创新。

（四）增强政府引导基金对科技创新的支持

政府引导基金的关键在于通过自身投资"引导"更大的社会资本进入科技创新领域。因此，针对早期科技创新支持不足的问题，重点关注国家战略领域内的初创科技企业，采用政府引导基金激发社会资本投入。通过政府引导资金的引入，激励大规模的社会资金向早期、小规模及科技创新项目倾斜，同时孵化众多旨在支持初始创新阶段的种子基金与天使投资。同时，加强成果转化引导基金等政府投资基金管理，引导社会资本更多地投入关键技术领域和初创期科技型企业，开辟新领域新赛道，塑造新动能、新优势。

二、推进金融机构的结构转型与资源配置的优化

硅谷之所以成为全球的创新驱动引擎，就是吸引了大量投资早期科创企业的创业风险投资，纳斯达克市场也为这些科创企业提供了源源不断的技术资本。除了政策性科技金融和大型公司的早期投入外，商业性科技金融为美国创新能力的提升提供了源源不断的资本动力。在我国，商业性科技金融作为促进科技创新的主要工具，是解决科技创新企业融资的重要抓手。因此，需要推动金融机构转型，使其能够更好地为科技型企业提供融资服务。

（一）创业风险投资

创业风险投资主要针对初创期企业与成长期企业进行股权投资，由于高风险偏好和长期限投资属性与科技企业的经营特点更为匹配，因此在支持科技企业发展的过程中扮演着更重要的角色。我国创业风险投资的规模还比较低，尤其是投资于技术研发的天使投资规模较小。因此，要重视创业风险投资在促进科技创新中的关键性角色，从政策层面给予创业风险投资企业相应的政策支持和优惠政策，如对于那些致力于支持初创科技企业技术研发及转化关键技术的创业风险投资机构，通过税收减免、人才政策倾斜等措施给予奖励。在实践层面完善投资链条，畅通创业风险投资机构"募投管退"全链条，即从募集资金、投资项目、管理运营到退出的全流程，并完善首次公开发行（IPO）、并购交易、协议转让、回购、清算等多样化的退出机制，吸引更多的长期资本投入科创领域。

（二）科技贷款

首先，创新和优化体制机制，引导银行资金更多地参与到为科技企业提供金融服务中。从政策层面，应支持政策性、开发性金融机构服务于科技创新，特别是增强服务于重大科技创新项目的能力。充分利用利率和存款准备金率等工具，扩大长期贷款的投放规模，鼓励银行勇于向创新型企业发放贷款。

其次，增强商业银行对科技企业的服务意识。充分发挥银行密集的网点优势，银行可以在科技型企业密集区域设立特色支行，为区域内科技企业提供服务，同时在各个分行设立更多针对科技企业的金融服务部，强化服务科技型企业信贷的精准性、针对性和时效性。

再次，鼓励银行建立企业科技创新能力评价体系，构建适应科技型企业轻资产特点的信贷产品。运用如云计算、区块链、大数据等金融科技工具，将实体企业、制造业企业难以量化衡量的"软"信息转化为可以进行定量比较的"硬"信息，跳出以往的抵押式思维，从更多角度考察、探索价值评价标准。

最后，创新科技金融产品。大中型商业银行利用自身金融牌照丰富的特点，在传统信贷服务模式的基础上，借助其他金融牌照为科技企业提供租赁、债券，以及科技保险等综合科技金融服务模式。

（三）资本市场

2023年12月，中央经济工作会议首次明确提出"鼓励发展创业投资、股权投资"作为"以科技创新引领现代化产业体系建设"的重要力量，通过鼓励发展创业投资、股权投资，支持长期资本、耐心资本更多地投向科技创新。

资本市场的发展是和创业风险投资市场一脉相承的，主要支持成长期与成熟期科技创新企业上市融资。通过更宽阔的融资渠道帮助企业增加技术研发，促进企业提高技术水平并推广新产品，最终促进科技创新产业不断发展壮大。目前，我国已经形成支持科技创新的多层次资本市场，下一步则是在实践中明确不同层次市场的发展方向。例如，科创板旨在服务包括早期阶段在内的各成长阶段的科创企业，提供首次公开发行（IPO）、并购、再融资等资本市场服务，把中后期交给创业板和主板市场，强化科创板在着力培养中国在关键技术的细分和超细分领域的冠军上的功能。支持科创板、北交所进一步优化科技型企业评价体系，更加精准地增强对科技型企业融资的可得性，提升资本市场"硬科技"底色。同时，落实 2023 年 6 月国务院常务会议审议通过的《加大力度支持科技型企业融资行动方案》，持续深化对科技型企业在上市融资、债券发行及并购重组方面的制度优化，构建"绿色通道"，促进其快速发展。同时，进一步优化科技型企业股权激励机制，并针对科技型上市公司的融资环境进行有效改进。

（四）科技保险

2024 年 1 月，国家金融监督管理总局发布了《关于加强科技型企业全生命周期金融服务的通知》，推动银行业保险业进一步加强科技型企业全生命周期金融服务，全方位改进科技金融领域的风险控制体系，通过持续创新研发符合科技企业成长需求的保险产品及服务模式，构建覆盖科技创新及应用多样场景的综合风险分担方案，为科技企业在业务操作全链条中提供有效的风险管理支持。

三、有效推进科技金融协调发展

（一）加强政策性科技金融和商业性科技金融合作

搭建政策性科技金融和商业性科技金融相结合的多层次科技金融体系。将风险偏好程度相对较高的财政科技投入、政府补贴、税收优惠、政府引导基金以及创业风险投资与风险偏好程度低的银行贷款结合起来。一是通过政策性银行直接提供贷款支持或者作为担保机构对科技企业的融资提供适当担保；二是通过财政贴息缓释商业银行对科技创新发放贷款中的风险，从而改善科技企业的融资环境；三是通过提高科技保险保费补贴鼓励科技创新企业投保科技保险，拓宽保险公司与不同科技金融主体的合作领域及渠道，为科技企业在其成长的各个阶段提供覆盖研发、生产、管理等环节的全面保险支持，提高科技企业的综合生命力和发展潜力；四是充分发挥政策性科技金融支持企业科技创新的信号作用，社会传递企业科技创新的可行性信号，吸引商业性科技金融资金。同时，依据科技企业各自的发展阶段，制定政策性科技金融对科技创新企业明确的支持标准，包括贷款上限、风险补偿额度及补偿比率等方面的具体指标，并在此基础上引导金融市场为不同成长期的企业提供相应的融资服务，以规范和促进金融市场的健康发展。

（二）区域层面扩大科技金融合作范围

以我国高新技术产业开发区为依托，打造科技金融示范区，充分挖掘先进的科技金融支持科技创新手段。深入推进科技金融协调发展，为薄弱地区创新发展提供"造血"机制。以现代金融工具撬动社会资本解决欠发达地区资金需求，依托邻近金融资源发达地区，建立对薄弱地区的反哺机制形成区域金融联动。加强资本、技术、人才、服务等创新资源即以相应的创新网络、创新平台在区域范围内的协同和互动，充分发挥发达地区的辐射功能，为欠发达地区创新驱动发展提供"造血机制"。通过资源跨越流动至周边地区的经济活动领域，最优化发挥资源配置功能满足地区技术活动的金融需求，因此充分发挥地理优势接受发达地区先进经验、技术产品服务等方面的支持，吸引发达地区的金融投资和合理的人才流动，主动搭建与发达地区的科技服务平台，加快地区间的数据信息共享和专业人员的交流，实现欠发达地区从借鉴、模仿到超越发达地区的发展目标。

参考文献

［1］ Abramovsky L, Simpson H. Geographic proximity and firm-university innovation linkages: Evidence from great britain ［J］. Journal of Economic Geography, 2011, 11 (6): 949-977.

［2］ Acharya V V, Lambrecht B M. A theory of income smoothing when insiders know more than outsiders ［J］. Review of Financial Studies, 2015, 28 (3): 2534-2574.

［3］ Acharya V, Xu Z. Financial dependence and innovation: the case of public versus private firms ［J］. Journal of Financial Economics, 2017, 124 (2): 223-243.

［4］ Acs Z, Audretsch D. Patents as a measure of innovative activity ［J］. Kyklos. 1989, 42 (2): 171-180.

［5］ Aghion P, Akcigit U, Howitt P. What do we learn from schumpeterian growth theory? ［C］. in Aghion, P., Durlauf, S. N., (eds.), Handbook of Economic Growth, Elsevier, Amsterdam. 2014.

［6］ Aghion P, Askenazy P, Bermab N, et al. Credit constraints and the cyclicality of R&D investment: Evidence from france ［J］. Journal of the European Economic Association., 2012, 10 (5): 1001-1024.

［7］ Aghion P, Howitt P. A model of growth through creative destruction ［J］. Econometrica, 1992, 60 (2): 323-351.

［8］ Ahuja G. Collaboration networks, structural holes and innovation: A longitudinal study [J]. Administrative Science Quarterly, 2000, 45 (3): 425-455.

[9] Alan S, Ertac S, Mumcu I. Gender stereotypes in the classroom and effects on achievement [J]. Review of Economics and Statistics, 2018, 100 (5): 876-890.

[10] Allen F, Gale D. Diversity of opinion and financing of new technologies [J]. Journal of Financial Intermediation, 1999, 8 (1-2): 68-89.

[11] Anselin L. Spatial econometrics methods and models [M]. Spping Netherlands: Dordrecht Kluwer Academic Publishers, 1988.

[12] Anthony H. Firm R&D, innovation and easing financial constraints in China: Does corporate tax reform matter? [J]. Research Policy, 2016, 45 (10): 1996-2007.

[13] Arque-Castells P. How venture capitalists spur invention in Spain: Evidence from patent trajectories [J]. Research Policy, 2012, 41 (5): 897-912.

[14] Athey S, Imbens G. Recursive partitioning for heterogeneous causal effects [J]. Proceedings of the National Academy of Sciences of the United States of America, Washington: Natl Acad Sciences, 2016, 113 (27): 7353-7360.

[15] Ayyagari M, Demirgüç-kunt A, Maksimovic V. Firm innovation in emerging markets: The role of finance, governance, and competition [J]. Journal of Financial and Quantitative Analysis, 2011, 46 (6): 1545-1580.

[16] Baron R M, Kenny D A. The moderator-mediator variable distinction in social psychological research: Conceptual, strategic, and statistical considerations [J]. Journal of Personality and Social Psychology, 1986, 51 (6): 1173-1182.

[17] Baum J A C, Silverman B S. Picking winners or building them? Alliance, intellectual, and human capital as selection criteria in venture financing and performance of biotechnology startups [J]. Journal of Business Venturing, 2004, 19 (3): 411-436.

[18] Beck T, Demirguc-Kunt A. Small and medium-size enterprises: access to finance as a growth constraint [J]. Journal of Banking and Finance, 2006, 30 (11): 2931-2943.

［19］ Bena J, Kai L I. Corporate innovations and mergers and acquisitions ［J］. Journal of Finance, 2014, 69 （5）: 1923-1960.

［20］ Benfratello L, Schiantarelli F, Sembenellii A. Banks and innovation: microeconometric evidence on italian firms ［J］. Journal of Financial Economics, 2008, 90 （2）: 197-217.

［21］ Bertrand M. How much should we trust differences-in-differences estimates ［J］. Risk Management and Insurance Review, 2004, 119 （1）: 173-199.

［22］ Bianchini S, Llerena P, Martino R. The impact of R&D subsidies under different institutional frameworks ［J］. Structural Change and Economic Dynamics, 2019 （50）: 65-78.

［23］ Bircan Ç, De Haas R. The limits of lending? banks and technology adoption across Russia ［J］. The Review of Financial Studies, 2020, 33 （2）: 536-609.

［24］ Blazsek S, Escribano A. Patent propensity, R&D and market competition: Dynamic spillovers of innovation leaders and followers ［J］. Journal of Econometrics, 2016, 191 （1）: 145-163.

［25］ Boeing P. The allocation and effectiveness of Chinas R&D subsidies-evidence from listed firms ［J］. Research policy, 2016, 45 （9）: 1774-1789.

［26］ Bond S, Harhoff D, Reenen J V. Investment, R&D, and financial constraints in Britain and Germany ［J］. Annals of Economics and Statistics, 2005 （79/80）: 433-460.

［27］ Bottazzi L, Peri G. Innovation and spillovers in regions: Evidence from European patent data ［J］. European Economic Review, 2003, 47 （4）: 687-710.

［28］ Broda C, Weinstein D E. Globalization and the Gains from Variety ［J］. The Quarterly Journal of Economics, 2006, 121 （2）: 541-585.

［29］ Brown J R, Martinsson G, Petersen B C. Do financing constraints matter for R&D? ［J］. European Economic Review, 2012, 56 （8）: 1512-1529.

［30］ Brown J R, Fazzari S M. Petersen B C, Financing innovation and growth: Cash flow external equity and the 1990s R&D boom [J]. Journal of Finance, 2009, 64 (1): 151-185.

[31] Carboni O A. R&D subsidies and private R&D expenditures: evidence fromItalian manufacturing data [J]. International Review of Applied Economics, 2011, 25 (4): 419-439.

[32] Caselli S, Gatti S, Perrini F. Are venture capitalists a catalyst for innovation? [J]. European Financial Management, 2009, 15 (1): 92-111.

[33] Catozzella A, Vivarelli M. The possible adverse impact of innovation subsidies: some evidence from Italy [J]. International Entrepreneurship and ManagementJournal, 2014, 12 (2): 1-18.

[34] CBInsights. State of venture report - global [R]. New York: CBInsights, 2021.

[35] Chagas A L S, Azzoni C R, Almeida A N. A spatial difference-in-differences analysis of the impact of sugarcane production on respiratory diseases [J]. Regional Science and Urban Economics, 2016, 59: 24-36.

[36] Chemmanur T J, Krishnan K, Nandy D K. How does venture capital financing improve efficiency in private firms? A look beneath the surface [J]. Social Science Electronic Publishing, 2011, 24 (12): 4037-4090.

[37] Chenery H B. Patterns of industrial growth [J]. American Economic Review, 1960, 50 (3): 624-654.

[38] Cheng J, Zhao J, Zhu D, et al. Land marketization and urban innovation capability: Evidence from China [J]. Habitat International, 2022, 122: 102540.

[39] Chernozhukov V, Chetverikov D, Demirer M, et al. Double/debiased machine learning for treatment and structural parameters [J]. Econometrics Journal, 2018, 21 (1): C1-C68.

[40] Chesbrough, H. W. Open innovation: The new imperative for creating and profiting from technology [M]. Harvard: Harvard Business Press, 2003.

[41] Chu C C, Li Y L, Li S J, et al. Uncertainty, venture capital and en-

trepreneurial enterprise innovation—Evidence from companies listed on China's GEM [J]. Pacific-Basin Finance Journal, 2021 (11): 101576.

[42] Cipollini A, Fiordelisi F. The impact of bank concentration on financial distress: The case of the european banking system [J]. Journal of Eastern European and Central Asian Research, 2009, 9 (2): 206-218.

[43] Colombo M G, Grilli L. Funding gaps? Access to bank loans by high-tech startups [J]. Small Business. Economics. 2007, 29 (1-2): 25-46.

[44] Cox D R. Planning of experiments [M]. New York: John Wiley and Sons Inc, 1992.

[45] Crepon B, Duguet E, Mairessec J. Research, innovation, and productivity: an econometric analysis [J]. Economics of Innovation and New Technology, 1998, 7 (2): 115-158.

[46] Crump R K, Hotz V J, Imbens G W, Mitnik O A. Nonparametric tests for treatment effect heterogeneity [J]. Review of Economics and Statistics, Cambridge: Mit Press, 2008, 90 (3): 389-405.

[47] Dagum C. A new approach to the decomposition of the Gini income inequality ratio [J]. Empirical Economics, 1997, 22 (4): 515-531.

[48] David P, O'brien J P, Yoshikawa T. The implications of debt heterogeneity for R&D investment for R&D investment and firm performance [J]. Academy of Management Journal, 2008, 51 (1): 165-181.

[49] Deboskey D G, Gillett P R. The impact of multi-dimensional corporate transparency on us firms'credit ratings and cost of capital [J]. Review of quantitative finance and accounting, 2013, 40 (1): 101-134.

[50] Djellal F, Gallouj F. Services and the search for relevant innovation indicators: A review for national and inter-national surveys [J]. Science and Public Policy, 1999, 26 (4): 218-232.

[51] Duguet E, Monjon S. Creative destruction and innovative core: Is innovation persistent at the firm level? An empirical reexamination from CIS data comparing the propensity score and regression methods [R]. Royal Economic Society

Annual Conference, 2002.

[52] Dushnitsky G, Lenox M J. When does corporate venture capital investment create firm value? [J]. Journal of Business Venturing, 2006, 21 (6): 753-772.

[53] Elhorst J P. Spatial econometrics: From cross-sectional data to spatial panels [M]. Physica-Verlag H D, 2014.

[54] Engel D, Keilbach M. Firm level implications of early stage venture capital investment—an empirical investigation [J]. Journal of Empirical Finance, 2007, 14 (2): 150-167.

[55] Fagerberg J, Mowery D C, Nelson D D. The Oxford Handbook of Innovation [M]. Oxford: Oxford University Press, 2005.

[56] Ferreira D, Manso G, Silva A C. Incentives to innovate and the decision to go public or private [J]. Review of Financial Studies, 2014, 27 (1): 256-300.

[57] Francis B, Hasan I, Huang Y, Sharma Z. Do banks value innovation? Evidence from US firms [J]. Financial Management, 2012, 41 (1): 159-185.

[58] Freeman C, Soete L. The economic of industrial innovation [M]. London: Pinter Publishers, 1997.

[59] Goldfarb A, Tucker C. Digital economics [J]. Journal of Economic Literature, 2019, 57 (1): 3-43.

[60] Gompers P. Grandstanding in the venture capital industry [J]. Journal of Financial Economics, 1996, 42 (1): 133-156.

[61] Greco M, Grimaldi M, Cricelli L. Hitting the nail on the head: Exploring the relationship between public subsidies and open innovation efficiency [J]. Technological Forecasting and Social Change, 2017, 100 (118): 213-225.

[62] Griliches Z. The search for R&D spillovers [J]. National Bureau of Economic Research, 1991: 3768.

[63] Guan J, Chen K. Measuring the innovation production process: A cross-region empirical study of China's high-tech innovations [J]. Technovation,

2010, 30 (5-6)：348-358.

[64] Guo D, Jiang K. Venture capital investment and the performance of entrepreneurial firms: Evidence from China [J]. Journal of Corporate Finance, 2013, 22 (3)：375-395.

[65] Hadlock C J, Pierce J R. New evidence on measuring financial constraints: Moving beyond the KZ index [J]. Review of Financial Studies, 2010, 23 (5)：1909-1940.

[66] Hall B H, Jaffe A, Trajtenberg M. Market value and patent citations [J]. Rand Journal of Economics, 2005, 36 (1)：16-38.

[67] Hall B H, Lerner J. The financing of R&D and innovation [J]. Hall B. H., Rosenberg N. (Eds.), Handbook of the Economics of Innovation, 2010：609-639.

[68] Hansen MT, Birkinshaw J. The innovation value chain [J]. Harvard Business Review, 2007, 85 (6)：121-130.

[69] Haschka R E, Herwartz H. Innovation efficiency in european high-tech industries: Evidence from a bayesian stochastic frontier approach [J]. Research Policy, 2020, 49 (8)：104054.

[70] Hellmann T, Puri M. The interaction between product market and financing strategy: The role of venture capital [J]. The Review of Financial Studies, 2000 (13)：959-984.

[71] Hewitt-Dundas N, Roper S. Output Additionality of Public Support forInnovation: Evidence for Irish Manufacturing Plants [J]. European Planning Studies, 2010, 18 (1)：15.

[72] Heyman F, Sjoholm F, Gustafson P. Is there really a foreign ownership wage premium? Evidence from matched employer-employee data [J]. Journal of International Economics, 2007, 73 (2)：355-376.

[73] Hong J, Feng B, Wu Y, et al. Do government grants promote innovation efficiency in China's high-tech industries? [J]. Technovation, 2016, 57：4-13.

［74］ Hou B, Hong J, Wang H, et al. Academia－industry collaboration, government funding and innovation efficiency in Chinese industrial enterprises ［J］. Technology Analysis & Strategic Management, 2019, 31 (6): 692-706.

［75］ Howell S T. Financing innovation: evidence from R&D Grants ［J］. American Economic Association, 2017, 107 (4): 1136-1164.

［76］ Hsu D. What do entrepreneurs pay for venture capital affiliation? ［J］. Journal of Finance, 2004, 59 (4): 1805-1844.

［77］ Hu A G Z, Deng Y X. Does government R&D stimulate or crowd out firm R&D spending? Evidence from Chinese manufacturing industries ［J］. Economics of Transition and Institutional Change, 2019, 27 (2): 497-518.

［78］ Imai K, Keele L, Yamamoto T. Identification, inference and sensitivity analysis for causal mediation effects ［J］. Statistical Science, Institute of Mathematical Statistics, 2010, 25 (1): 51-71.

［79］ Jaffe A B. Technological opportunity and spillovers of R&D: evidence from firms' patents, profits, and market value ［J］. American Economic Review, 1986, 76 (5): 984-1001.

［80］ Jaffe B. Building program evaluation into the design of public research-support programs ［J］. Oxford Review ofEconomic Policy, 2002, 18 (1): 22-34.

［81］ Jiang C, Zhang Y, Bu M, et al. The effectiveness of government subsidies on manufacturing innovation: Evidence from the new energy vehicle industry in China ［J］. Sustainability, 2018, 10 (6): 1692.

［82］ Jin Z, Shang Y, Xu J. The impact of government subsidies on private R&D and firm performance: does ownership matter in China's manufacturing industry? ［J］. Sustainability, 2018, 10 (7): 2205.

［83］ Kar M, Nazlıoğlu Ş, Ağır H. Financial development and economic growth nexus in the MENA countries: Bootstrap panel granger causality analysis ［J］. Economic modelling, 2011, 28 (1-2): 685-693.

［84］ King R G, Levine R. Finance, entrepreneurship and growth: theory and evidence [J]. Journal of Monetary Economics, 1993, 32 (3): 513-542.

[85] Klette T J, Moen J, Griliches Z. Do subsidies to commercial R&D reduce market failures? Micro-econometric evaluation studies [J]. Research Policy, 2002, 29 (4): 471-495.

[86] Kolak M, Anselin L. A spatial perspective on the econometrics of program evaluation [J]. International Regional Science Review, SAGE Publications Inc, 2020, 43 (1-2): 128-153.

[87] Koo J. Technology spillovers, agglomeration, and regional economic development [J]. Journal of Planning Literature, SAGE Publications Inc, 2005, 20 (2): 99-115.

[88] Kortum S, Lerner J. Assessing the contribution of venture capital to innovation [J]. The RAND Journal of Economics, 2000, 31 (4): 674-692.

[89] Lach S. Do R&D subsidies stimulate or displace private R&D? Evidence from Israel [J]. Journal of Industrial Economics, 2002, 50 (4): 369-390.

[90] Lerner J, Ramana N. Venture capital's role in financing innovation: What we know and how much we still need to learn [J]. Journal of Economic Perspectives, 2020, 34 (3): 237-261.

[91] Lesage J, Pace R K. Introduction to spatial econometrics [M]. New York: Chapman and Hall/CRC, 2009.

[92] Li Z B, Li H, Wang S W, et al. The impact of science and technology finance on regional collaborative innovation: the threshold effect of absorptive capacity [J]. Sustainability, 2022, 14 (23): 15980.

[93] Lucas R E, Moll B. Knowledge growth and the allocation of time [J]. The Journal of Political Economy, 2014, 122 (1): 1-51.

[94] Lu J, Tao Z. Trends and determinants of China's industrial agglomeration [J]. Journal of Urban Economics, 2009, 65 (2): 167-180.

[95] Lu J Y, Li P D. Evaluation on the development level of science and technology finance in Shaanxi province of China [J]. Journal of Global Economy, Business and Finance, 2022, 4 (8): 74-82.

[96] Lutz E, George G. Venture capitalists' role in new venture internation-alization [J]. The Journal of Private Equity, 2012, 16 (1): 26-41.

[97] Mann W. Creditor rights and innovation: Evidence from patent collateral [J]. Journal of Financial Economics. , 2018, 130 (1): 25-47.

[98] Mansfield E, Schwartz M, Wagner S. Imitation costs and patents: An empirical study [J]. The Economic Journal 1981, 91 (364): 907-918.

[99] Mina A, Lahr H, Hughes A. The demand and supply of external finance for innovative firms [J]. Industrial and Corporate Change. 2013, 22 (4): 869-901.

[100] Männasoo K, Meriküll J. Credit constraints and R&D over the boom and bust: Firm-level evidence from Central and Eastern Europe [J]. Economic Systems, 2020, 44 (2): 100747.

[101] Moon B. Unleash liquidity constraints or competitiveness potential: The impact of R&D grant on external financing on innovation [J]. European research on management and business economics, 2022 (28): 100195.

[102] Mukherjee A, Singh M, Žaldokas A. Do corporate taxes hinder innovation? [J]. Journal of Financial Economics, 2017, 124 (1): 195-221.

[103] Mulcahy D. Six myths about venture capitalists [J]. Harvard Business. Review. 2013, 91 (5): 80-83.

[104] Nanda R, Nicholas T. Did bank distress stifle Innovation during the Great Depression? [J]. Journal of Financial. Economics. , 2014, 114 (2): 273-292.

[105] Nicholas T. VC: An american history [M]. Cambridge: Harvard University Press, 2019.

[106] Park H D, Steensma H K. When does corporate venture capital add value for new ventures? [J]. Strategic Management Journal, 2012, 33 (1): 1-22.

[107] Park S. Evaluating the efficiency and productivity change withingovernment subsidy recipients of a national technology innovation research anddevelopment

program [J]. R&D Management, 2015, 45 (5): 549-568.

[108] Peneder M. The impact of venture capital on innovation behavior and firm growth [J]. Venture Capital, 2020, 12 (2): 83-107.

[109] Peters B, Roberts M J, Vuong V A, et al. forthcoming. Estimating Dynamic R&D Choice: An Analysis of Costs and Long-Run Benefits [J]. RAND Journal of Economics, 2017, 48 (2): 409-437.

[110] Rajan R G. Presidential address: The corporation in finance [J]. Journal of Finance, 2012, 67 (4): 1173-1217.

[111] Rin M D, Hellmann T. Banks as catalysts for industrialization [J]. Journal of Financial Intermediation, 2002, 11 (4): 366-397.

[112] Romer P M. Increasing Returns and Long-Run Growth [J]. The Journal of Political Economy, 1986, 94 (5): 1002-1037.

[113] Roper S, Du J, Love J H. Modeling the Innovation Value Chain [J]. Research Policy, 2008 (37): 961-977.

[114] Samila S, Sorenson O. Venture capital, entrepreneurship and economic growth [J]. Review of Economics and Statistics, 2011, 93 (1): 338-349.

[115] Schumpeter J A. The theory of economic development: An inquiry into profits, capital, credit, interest, and the business cycle [M]. Boston: Harvard University Press, 1934.

[116] Xu S F, He X H. Xu L B. Market or government: who plays a decisive role in R&D resource allocation? [J]. China Finance Review International, 2019, 9 (1): 110-136.

[117] Teece D J. Profiting from technological innovation: Implications for integration, collaboration, licensing and public policy [J]. Research Policy, 1986, 15 (6): 285-305.

[118] Tian X, Wang T Y. Tolerance for failure and corporate innovation [J]. Review of Financial Studies, 2014, 27 (1): 211-255.

[119] Tobler W R. A computer movie simulating urban growth in the Detroit region [J]. Economic Eeography, 1970, 46 (S1): 234-240.

［120］ Ullah B. Firm innovation in transition economies: The role of formal versus informal finance ［J］. Journal of Multinational Financial Management, 2019, 50: 58-75.

［121］ Utterback J M. The process of technological innovation within the firm ［J］. Academy of Management Journal, 1971, 14 (1): 75-88.

［122］ Wang J, Deng K. Impact and mechanism analysis of smart city policy on urban innovation: Evidence from China ［J］. Economic Analysis and Policy, 2022, 73: 574-587.

［123］ Wang J Y, Shi X, Du Y W. Exploring the relationship among marine science and technology innovation, marine finance, and marine higher education using a coupling analysis: a case study of China's coastal areas ［J］. Marine Policy, 2021, 132: 104706.

［124］ Wang X, Fang H, Zhang F, Fang S. The spatial analysis of regional innovation performance and industry-university-research institution collaborative innovation—An empirical study of chinese provincial data ［J］. Sustainability, Basel: Multidisciplinary Digital Publishing Institute, 2018, 10 (4): 1243.

［125］ Xin F, Zhang W. Does credit market impede innovation? based on the banking structure analysis ［J］. International Review of Economics & Finance, 2017, 52 (C): 268-288.

［126］ Yang Q, Cao L J, Wang X H, et al. Research on the coupling coordinated development evaluation of China's provincial technological innovation and financial support based on KGM-MOP ［J］. Frontiers in Environmental Science, 2022, 10: 1067772.

［127］ 白俊红, 卞元超. 中国政府 R&D 资助空间自相关特征研究 ［J］. 科研管理, 2016, 37 (1): 77-83.

［128］ 白俊红. 中国的政府 R&D 资助有效吗？来自大中型工业企业的经验证据 ［J］. 经济学（季刊）, 2011, 10 (4): 1375-1400.

［129］ 白旭云, 王砚羽, 苏欣. 研发补贴还是税收激励——政府干预对企业创新绩效和创新质量的影响 ［J］. 科研管理, 2019, 284 (6): 12-21.

［130］毕金玲，蒋睿，杨雨婷．定向增发能促进企业创新吗？——来自中国上市公司的经验证据［J］．投资研究，2018，37（12）：31-44.

［131］蔡地，陈振龙，刘雪萍．风险投资对创业企业研发活动的影响研究［J］．研究与发展管理，2015，27（5）：1-11.

［132］蔡竞，董艳．银行业竞争与企业创新——来自中国工业企业的经验证据［J］．金融研究，2016（11）：96-111.

［133］操武．风险投资管理投入与创业企业技术商业化绩效［J］．中南财经政法大学学报，2020（5）：147-156.

［134］曹霞，张路蓬．金融支持对技术创新的直接影响及空间溢出效应——基于中国 2003—2013 年省际空间面板杜宾模型［J］．管理评论，2017，29（7）：36-45.

［135］陈红，张玉，刘东霞．政府补贴、税收优惠与企业创新绩效——不同生命周期阶段的实证研究［J］．南开管理评论，2019，22（3）：187-200.

［136］陈俊．空间知识外溢如何影响区域经济增长——理论机制与经验证据［J］．统计研究，2021，38（5）：70-81.

［137］陈明媛，刘运华．促进科技成果转化的知识产权金融服务创新发展研究［J］．科学管理研究，2023，41（4）：125-133.

［138］陈其安，肖映红，程玲．中小企业融资的三方信贷担保模型研究［J］．中国管理科学，2008，16（S1）：210-214.

［139］陈庆江．政府科技投入能否提高企业技术创新效率？［J］．经济管理，2017，39（2）：6-19.

［140］陈思，何文龙，张然．风险投资与企业创新：影响和潜在机制［J］．管理世界，2017（1）：158-169.

［141］陈霆，王克静，陈平，等．中国科技成果转化基金现状研究［C］．第十三届中国软科学学术年会论文集，2017.

［142］陈鑫，陈德棉，叶江峰．风险投资、空间溢出与异质创新［J］．管理评论，2021，33（4）：102-112.

［143］陈亚男，包慧娜．科技金融发展对产业结构升级影响的实证分析［J］．统计与决策，2017（15）：170-173.

［144］陈雨露．科技风险与科技保险［J］．中国科技投资，2007（1）：68-70.

［145］陈钊，王旸．"营改增"是否促进了分工：来自中国上市公司的证据［J］．管理世界，2016（3）：36-45+59.

［146］成力为，邹双．风险投资进入时间、技术偏好对创新绩效影响——基于创业板制造业企业的 PSM 检验［J］．科研管理，2019，40（7）：215-223.

［147］程翔，杨小娟，张峰．区域经济高质量发展与科技金融政策的协调度研究［J］．中国软科学，2020（z1）：115-124.

［148］池仁勇．企业技术创新效率及其影响因素研究［J］．数量经济技术经济研究，2003（6）：105-108.

［149］崔百胜，朱麟．政府资助能有效激励创新吗？——基于创新系统视角下 DSGE 模型的分析［J］．管理评论，2019，31（11）：80-93.

［150］戴晨，刘怡．税收优惠与财政补贴对企业 R&D 影响的比较分析［J］．经济科学，2008，30（3）：58-71.

［151］戴志敏，郑万腾，杨斌斌．科技金融效率多尺度视角下的区域差异分析［J］．科学学研究，2017，35（9）：1326-1333.

［152］邓天佐，张俊芳．关于我国科技金融发展的几点思考［J］．证券市场导报，2012（12）：16-24.

［153］范子英，彭飞．"营改增"的减税效应和分工效应：基于产业互联的视角［J］．经济研究，2017，52（2）：82-95.

［154］范子英，王倩．财政补贴的低效率之谜：税收超收的视角［J］．中国工业经济，2019（12）：23-41.

［155］方磊，张雪薇．科技金融生态对绿色技术创新影响的空间效应——基于东部五大城市群面板数据的实证分析［J］．经济地理，2023，43（2）：147-154.

［156］房汉廷．关于科技金融理论、实践与政策的思考［J］．中国科技论坛，2010（11）：5-10+23.

［157］冯锐，高菠阳，陈钰淳，等．粤港澳大湾区科技金融耦合度及其

影响因素研究［J］.地理研究，2020，39（9）：1972-1986.

［158］冯晓菲，张琳.自然人保证担保是否降低了小微企业融资成本与违约风险［J］.世界经济，2020，43（7）：170-192.

［159］冯永琦，邱晶晶.科技金融政策的产业结构升级效果及异质性分析——基于"科技和金融结合试点"的准自然实验［J］.产业经济研究，2021（2）：128-142.

［160］付雷鸣，万迪昉，张雅慧.VC是更积极的投资者吗？——来自创业板上市公司创新投入的证据［J］.金融研究，2012（10）：125-138.

［161］傅家骥.技术创新学［M］.北京：清华大学出版社，1998.

［162］甘行琼，余倩.税收激励对企业创新的多重激励效应［J］.贵州财经大学学报，2023（3）：71-80.

［163］高瑞东，樊俊.中美支持创新型产业政策比较［J］.中国金融，2017（24）：61-62.

［164］高扬，王桂奂.山东省科技金融效率影响因素及区域差异研究［J］.华东经济管理，2023，37（7）：92-99.

［165］高玉强，束永康，孙开.营改增是否减轻了企业税负：基于交通运输业的准自然实验［J］.湖南科技大学学报（社会科学版），2021，24（1）：59-66.

［166］龚立新，吕晓军.政府补贴与企业技术创新效率——来自2009—2013年战略性新兴产业上市公司的证据［J］.河南大学学报（社会科学版），2018，58（2）：22-29.

［167］辜胜阻，庄芹芹，曹誉波.构建服务实体经济多层次资本市场的路径选择［J］.管理世界，2016（4）：1-9.

［168］关宇虹.以科技金融赋能科技企业高质量发展［J］.中国金融家，2023（12）：52-53.

［169］桂黄宝，李航.政府补贴、产权性质与战略性新兴产业创新绩效——来自上市挂牌公司微观数据的分析［J］.科技进步与对策，2019，36（14）：69-75.

［170］郭庆旺，贾俊雪.地方政府间策略互动行为、财政支出竞争与地

区经济增长［J］．管理世界，2009，25（10）：17-27+187.

［171］何芸，贝政新．长三角经济圈科技创新与金融发展的耦合研究［J］．技术经济与管理研究，2019（3）：20-24.

［172］和瑞亚，张玉喜．区域科技创新系统与公共金融系统耦合协调评价研究：基于中国28个省级区域的实证分析［J］．科技进步与对策，2014，31（7）：31-37.

［173］贺炎林，朱伟豪．风险投资促进了研发投入吗？——政治关联的视角［J］．金融科学，2018（2）：76-108.

［174］洪银兴．科技创新阶段及其创新价值链分析［J］．经济学家，2017（4）：5-12.

［175］洪银兴．科技金融及其培育［J］．经济学家，2011（6）：22-27.

［176］胡欢欢，刘传明．科技金融政策能否促进产业结构转型升级？［J］．国际金融研究，2021（5）：24-33.

［177］胡欢欢，刘传明．中国科技金融效率的区域差异及动态演进［J］．统计与决策，2022，38（24）：117-122.

［178］胡凯，刘昕瑞．政府产业投资基金的技术创新效应［J］．经济科学，2022（1）：36-49.

［179］胡刘芬，周泽将．风险投资机构持股能够缓解企业后续融资约束吗？——来自中国上市公司的经验证据［J］．经济管理，2018，40（7）：91-109.

［180］胡鹏，李静．科技金融政策有"便车"效应吗？——基于首批"科技与金融结合试点"的准自然实验［J］．浙江学刊，2022，11（5）：77-87.

［181］胡怡建，田志伟．我国"营改增"的财政经济效应［J］．税务研究，2014（1）：38-43.

［182］黄金枝，郝全，黄祎，等．环境约束下中国工业企业创新效率评价及影响因素研究［J］．工业技术经济，2017，36（6）：55-62.

［183］黄鹏翔，黄翔，黄天翔．国有风险投资挤入还是挤出私有风险投资——基于中国风险投资事件的事件史分析［J］．中国经济问题，2021（3）：

104-117.

[184] 黄卫华，陈海椰．粤港澳大湾区金融发展促进产业升级机制研究——科技创新的中介效应视角［J］．经济体制改革，2020（4）：158-165.

[185] 黄贤凤，武博，王建华．中国八大经济区工业企业技术创新效率及其影响因素研究［J］．中国科技论坛，2013（8）：90-97.

[186] 姬晓辉，卢小根．政府补助、信贷融资与中小企业创新投资力实证研究［J］．工业技术经济，2017，36（6）：48-54.

[187] 吉云．风险投资进入能提升创业型企业的创新绩效吗？［J］．科学学与科学技术管理，2021，42（5）：32-50.

[188] 贾俊生，伦晓波，林树．金融发展、微观企业创新产出与经济增长——基于上市公司专利视角的实证分析［J］．金融研究，2017，439（1）：99-113.

[189] 贾宁，李丹．创业投资管理对企业绩效表现的影响［J］．南开管理评论，2011，14（1）：96-106.

[190] 贾帅帅，贾林果．科技金融推动科技创新有效路径的跨国比较——兼谈科技金融促进高新区企业创新的实施路径［J］．金融市场研究，2023（2）：130-139.

[191] 江静．公共政策对企业创新支持的绩效——基于直接补贴与税收优惠的比较分析［J］．科研管理，2011，32（4）：1-8+50.

[192] 姜泽华，白艳．产业结构升级的内涵与影响因素分析［J］．当代经济研究，2006（10）：53-56.

[193] 蒋殿春，黄锦涛．风险投资对企业创新效率影响机制研究［J］．中国高校社会科学，2015（6）：140-151+155.

[194] 解洪涛，祝莉，荣丽芬，等．"营改增"后研发和技术服务业税负变化及对制造业研发外购的激励作用——基于全国税源调查湖北省数据的分析［J］．财政科学，2018（1）：74-86.

[195] 鞠晓生．中国上市企业创新投资的融资来源与平滑机制［J］．世界经济，2013，36（4）：138-159.

[196] 卡萝塔·佩蕾丝．技术革命与金融资本［M］．田方萌，译．北

京：中国人民大学出版社，2007.

［197］开源证券研究所．新三板 2022 年报解析［R］.2023.

［198］康艳玲，王满，陈克兢．科技金融能促进企业高质量发展吗？
［J］.科研管理，2023，44（7）：83-96.

［199］寇明婷，程敏，崔文娟，等．研发税收政策组合对 R&D 活动影
响的空间计量分析［J］.科研管理，2023，44（6）：29-39.

［200］寇宗来，刘学悦．中国城市和产业创新力报告 2017［R］.上海：
复旦大学产业发展研究中心，2017.

［201］黎文靖，郑曼妮．实质性创新还是策略性创新？——宏观产业政
策对微观企业创新的影响［J］.经济研究，2016，51（4）：60-73.

［202］李成，张玉霞．中国"营改增"改革的政策效应：基于双重差分
模型的检验［J］.财政研究，2015（2）：44-49.

［203］李春涛，闫续文，宋敏，等．金融科技与企业创新——新三板上
市公司的证据［J］.中国工业经济，2020（1）：81-98.

［204］李后建，刘思亚．银行信贷、所有权性质与企业创新［J］.科学
学研究，2015，33（7）：1089-1099.

［205］李华军，刘思，张光宇．科技金融支持创新驱动发展的理论与实
践［M］.北京：经济科学出版社，2019.

［206］李汇东，唐跃军，左晶晶．用自己的钱还是用别人的钱创
新？——基于中国上市公司融资结构与公司创新的研究［J］.金融研究，
2013（2）：170-183.

［207］李健，马亚．科技与金融的深度融合与平台模式发展［J］.中央
财经大学学报，2014（5）：23-32.

［208］李静．国家创新体系的财政基础——基于财政科技投入的特征事
实与理论分析［D］.中央财经大学博士学位论文，2022.

［209］李俊霞，温小霓．中国科技金融资源配置效率与影响因素关系研
究［J］.中国软科学，2019（1）：164-174.

［210］李兰，仲为国，彭泗清，等．"新冠肺炎"疫情危机下的企业韧
性与企业家精神——2021·中国企业家成长与发展专题调查报告［J］.南开

管理评论，2022：1-33.

［211］李林，丁艺，刘志华．金融集聚对区域经济增长溢出作用的空间计量分析［J］．金融研究，2011（5）：113-123.

［212］李梦雅，严太华．风险投资、技术创新与企业绩效：影响机制及其实证检验［J］．科研管理，2020，41（7）：70-78.

［213］李善民，梁星韵．创投机构响应政策还是迎合政策？——基于政府引导基金激励下的投资视角［J］．证券市场导报，2020（9）：14-23.

［214］李善民，梁星韵，王大中．中国政府引导基金的引导效果及作用机理［J］．南方经济，2020（8）：1-16.

［215］李善民，许金花，黄灿．科技金融兼论广东科技金融结合机制与对策［M］．北京：中国经济出版社，2015.

［216］李天籽，韩沅刚．武汉城市圈科技金融效率时空特征与趋同演化分析［J］．经济地理，2022，42（1）：61-69.

［217］李醒民，魏玖长．区域创新型企业创新效率评价及影响因素分析——基于安徽省创新型企业规模的对比研究［J］．中国科学技术大学学报，2015，45（8）：702-708.

［218］李亚青．供给侧改革视角下科技保险"供需双冷"困境及其化解［J］．科技进步与对策，2018，35（15）：119-125.

［219］李亚青，梁晓源，王梓龙．需求异质性视角下的科技保险财政补贴政策优化［J］．保险研究，2020（3）：55-66.

［220］李胤．关于研发、科技和创新的那些事儿——从统计角度浅议三者的关系［J］．中国统计，2014（8）：22-23.

［221］李永友，叶倩雯．政府科技创新补贴的激励效应及其机制识别——基于企业微观数据的经验研究［J］．财经论丛，2017，228（12）：22-32.

［222］李占强．突破性创新战略管理研究——基于风险投资的视角［J］．当代财经，2012（9）：61-71.

［223］李志斌，严伟祥．居民住房抵押贷款挤出了企业信贷吗——影响机制与实证分析［J］．新金融，2020（11）：38-45.

［224］林瑶鹏，林柳琳，高琦．区域科技金融发展水平评价研究［J］．技术经济与管理研究，2022（6）：70-75.

［225］林志帆，刘诗源．税收负担与企业研发创新——来自世界银行中国企业调查数据的经验证据［J］．财政研究，2017（2）：98-112.

［226］林志帆，龙晓旋．金融结构与发展中国家的技术进步——基于新结构经济学视角的实证研究［J］．经济学动态，2015（12）：57-68.

［227］蔺鹏，孟娜娜，马丽斌，等．区域金融创新与科技创新的耦合机理和联动效果评估：基于京津冀协同创新共同体的研究［J］．南方金融，2019（1）：58-68.

［228］刘程军，周建平，蒋建华，等．区域创新与区域金融耦合协调的格局及其驱动力：基于长江经济带的实证［J］．经济地理，2019，39（10）：94-103.

［229］刘丹鹭，魏守华．创新与服务业生产率——基于微观企业的实证研究［J］．研究与发展管理，2013，25（2）：74-84.

［230］刘冬梅，解鑫，贾敬敦．中国创业投资发展报告2022［M］．北京：科学技术文献出版社，2022.

［231］刘军民，财政部财政科学研究所课题组，贾康．科技金融的相关理论问题探析［J］．经济研究参考，2015（7）：13-26.

［232］刘熹微，邹克．科技金融是否促进经济与创新的协同［J］．湖南科技大学学报（社会科学版），2021，24（3）：71-81.

［233］刘妍，吴强，卢亚娟．科技保险发展中的政府行为——基于江苏实践［J］．学海，2016（6）：119-123.

［234］刘晔，张训常，蓝晓燕．国有企业混合所有制改革对全要素生产率的影响——基于PSM-DID方法的实证研究［J］．财政研究，2016（10）：63-75.

［235］刘忠敏，马文婷．基于网络SBM-Malmquist模型的医药制造业创新效率及影响因素研究［J］．科技管理研究，2017，37（12）：152-158.

［236］柳光强．税收优惠、财政补贴政策的激励效应分析——基于信息不对称理论视角的实证研究［J］．管理世界，2016（10）：62-71.

[237] 柳卸林，杨博旭，肖楠．我国区域创新能力变化的新特征、新趋势 [J]．中国科学院院刊，2021，36（1）：54-63.

[238] 芦锋，韩尚容．我国科技金融对科技创新的影响研究——基于面板模型的分析 [J]．中国软科学，2015（6）：139-147.

[239] 栾强，罗守贵．"营改增"激励了企业创新吗？——来自上海市科技企业的经验证据 [J]．经济与管理研究，2018，39（2）：87-95.

[240] 吕文栋，赵杨，彭彬．科技保险相关问题探析 [J]．保险研究，2008（2）：36-40.

[241] 马光荣，刘明，杨恩艳．银行授信、信贷紧缩与企业研发 [J]．金融研究，2014（7）：76-93.

[242] 马凌远，李晓敏．科技金融政策促进了地区创新水平提升吗？——基于"促进科技和金融结合试点"的准自然实验 [J]．中国软科学，2019（12）：30-42.

[243] 马铭晨，吕拉昌．风险投资与区域创新：机制、路径与异质性——基于中国 29 个省的实证分析 [J]．经济地理，2023，43（3）：140-149.

[244] 马玉林，马运鹏，彭文博．中国科技金融效率的区域差异及动态演进分析 [J]．宏观经济研究，2020（7）：124-137.

[245] 毛道维，毛有佳．科技金融的逻辑 [M]．北京：中国金融出版社，2015.

[246] 毛捷，曹婧，杨晨曦．营改增对企业创新行为的影响——机制分析与实证检验 [J]．税务研究，2020（7）：12-19.

[247] 毛其淋，许家云．政府补贴对企业新产品创新的影响——基于补贴强度"适度区间"的视角 [J]．中国工业经济，2015（6）：94-107.

[248] 孟庆斌，李昕宇，张鹏．员工持股计划能够促进企业创新吗？——基于企业员工视角的经验证据 [J]．管理世界，2019，35（11）：209-228.

[249] 孟溦，高鸿怡．虹吸与溢出：科技和金融结合试点政策的空间效应 [J]．科研管理，2023，44（6）：62-73.

［250］聂辉华，李光武，李琛．关于企业补贴的八个关键问题——兼评当下的产业政策研究［J］．学术月刊，2022，54（6）：47-60.

［251］彭飞，许文立，吴华清．间接税减税与劳动收入份额——来自"营改增"政策的证据［J］．经济学（季刊），2022，22（6）：2021-2040.

［252］彭亮，刘国城．减税降费的创新激励效应研究——基于"营改增"的准自然实验［J］．投资研究，2022，41（2）：37-63.

［253］平安证券．科技金融系列报告（三）商业银行篇：科技信贷发力，关注生态建设［R］．2024.

［254］平安证券．科技金融系列报告（一）：总起篇：从海外经验看科技金融发展模式选择［R］．2024.

［255］齐兰，王业斌．国有银行垄断的影响效应分析——基于工业技术创新视角［J］．中国工业经济，2013（7）：69-80.

［256］齐绍洲，张倩，王班班．新能源企业创新的市场化激励——基于风险投资和企业专利数据的研究［J］．中国工业经济，2017（12）：95-112.

［257］钱晓东．基于融资约束视角的"营改增"政策与企业投资效率分析［J］．商业研究，2018（9）：36-44.

［258］清科研究中心．2020年中国股权投资行业年度报告——二十周年特别版［R］．2020.

［259］邱思远，孙伟．中国城市群一体化水平测度与辐射能力分析［J］．地理研究，2024，43（2）：303-321.

［260］邱洋冬．科技与金融"联姻"如何影响企业研发决策？［J］．南京财经大学学报，2023（1）：54-64.

［261］任曙明，王梦娜．科技金融政策能提升科技企业研发投入吗？——来自试点政策的经验证据［J］．科学学研究，2023（3）：1-20.

［262］邵悦心，陈守明，王健．"营改增"政策对企业创新投入的影响研究——基于倾向得分匹配的双重差分方法［J］．科研管理，2019，40（6）：77-85.

［263］佘镜怀，佘源，付东普．营改增对高新技术企业研发投入的影响研究［J］．税务研究，2019（3）：91-95.

［264］申万宏源证券研究所．科创板白皮书2023［R］．2023.

［265］沈丽，范文晓．我国科技金融效率的空间差异及分布动态演进［J］．管理评论，2021，33（1）：44-53+67.

［266］盛明泉，吴少敏，盛安琪．"营改增"对生产性服务业企业全要素生产率的影响研究［J］．经济经纬，2020，37（2）：150-158.

［267］宋丽颖，杨潭，钟飞．营改增后企业税负变化对企业经济行为和绩效的影响［J］．税务研究，2017（12）：84-88.

［268］孙伍琴．论不同金融结构对技术创新的影响［J］．经济地理，2004（2）：182-186.

［269］孙晓华，张竣喃，郑辉．"营改增"促进了制造业与服务业融合发展吗［J］．中国工业经济，2020（8）：5-23.

［270］谈毅．风险投资与创新［M］．上海：上海交通大学出版社，2015.

［271］覃家琦，李泽广，邵新建．创业资本如何影响负债融资？——来自中国工业企业的证据［J］．经济评论，2019（3）：138-151.

［272］谭祖卫，郝江培，赵昌文．基于科技金融的技术资产金融分析［J］．科技进步与对策，2014，31（9）：11-14.

［273］陶诚，张志强，陈云伟．关于我国建设基础科学研究强国的若干思考［J］．世界科技研究与发展，2019，41（1）：1-15.

［274］投中研究院．2022年中国创业投资及私募股权投资市场统计分析报告［R］．2023.

［275］汪秋明，韩庆潇，杨晨．战略性新兴产业中的政府补贴与企业行为——基于政府规制下的动态博弈分析视角［J］．财经研究，2014（7）：43-53.

［276］王芳，许舒雅．我国科技金融技术效率及收敛性研究——基于区域差异视角的分析［J］．金融发展研究，2019（8）：3-10.

［277］王刚刚，谢富纪，贾友．R&D补贴政策激励机制的重新审视——基于外部融资激励机制的考察［J］．中国工业经济，2017（2）：60-78.

［278］王桂军，曹平．"营改增"对制造业企业自主创新的影响——兼议制造业企业的技术引进［J］．财经研究，2018，44（3）：4-19.

［279］王桂军，张辉．促进企业创新的产业政策选择：政策工具组合视角［J］.经济学动态，2020（10）：12-27.

［280］王海芸，刘杨．基于波士顿矩阵的科技金融发展分类策略研究［J］.科学学研究，2020，38（6）：1018-1027.

［281］王宏起，徐玉莲．科技创新与科技金融协同度模型及其应用研究［J］.中国软科学，2012（6）：129-138.

［282］王华，韦欣彤，曹青子，等．"营改增"与企业创新效率——来自准自然实验的证据［J］.会计研究，2020（10）：150-163.

［283］王兰芳，胡悦．创业投资促进了创新绩效吗？——基于中国企业面板数据的实证检验［J］.金融研究，2017（1）：177-190.

［284］王立平．我国高校R&D知识溢出的实证研究——以高技术产业为例［J］.中国软科学，2005（12）：54-59.

［285］王仁祥，杨曼．中国省域科技与金融耦合效率的时空演进［J］.经济地理，2018，38（2）：104-112.

［286］王韧，段义诚，刘柳巧．金融——科技协同集聚与城市群一体化发展：空间耦合模式视角［J］.经济与管理评论，2023，39（6）：43-56.

［287］王韧，李志伟．中国科技金融效率的结构异质性与空间分布特征：基于二维产出视角［J］.管理评论，2022，34（9）：35-46.

［288］王淑娟，叶蜀君，解方圆．金融发展、金融创新与高新技术企业自主创新能力——基于中国省际面板数据的实证分析［J］.软科学，2018，32（3）：10-15.

［289］王小华，宋檬，孟祥众，等．金融科技与制造业创新结构特征——兼论科技和金融结合试点的效应差异［J］.西南大学学报（社会科学版），2023，49（4）：119-133.

［290］王欣亮，张家豪，刘飞．大数据是经济高质量发展的新引擎吗？——基于数据基础设施与技术应用的双重效应解释［J］.统计研究，2023，40（5）：103-119.

［291］王瑶，彭凯，支晓强．税收激励与企业创新——来自"营改增"的经验证据［J］.北京工商大学学报（社会科学版），2021，36（1）：

81-91.

［292］王玉兰，李雅坤．"营改增"对交通运输业税负及盈利水平影响研究——以沪市上市公司为例［J］．财政研究，2014（5）：41-45.

［293］王玉泽，罗能生，刘文彬．什么样的杠杆率有利于企业创新［J］．中国工业经济，2019（3）：138-155.

［294］温军，冯根福，刘志勇．异质债务、企业规模与R&D投入［J］．金融研究，2011（1）：167-181.

［295］温小霓，张珍琦，李俊霞．科技保险发展的创新途径［J］．中国保险，2016（6）：48-53.

［296］温忠麟，张雷，侯杰泰，等．中介效应检验程序及其应用［J］．心理学报，2004（5）：614-620.

［297］吴金光，欧阳玲，段中元．"营改增"的影响效应研究——以上海市的改革试点为例［J］．财经问题研究，2014（2）：81-86.

［298］吴尧，沈坤荣．信贷期限结构对企业创新的影响［J］．经济与管理研究，2020，41（1）：104-117.

［299］伍健，田志龙，龙晓枫，等．战略性新兴产业中政府补贴对企业创新的影响［J］．科学学研究，2018，36（1）：158-166.

［300］肖海莲，唐清泉，周美华．负债对企业创新投资模式的影响——基于R&D异质性的实证研究［J］．科研管理，2014，35（10）：77-85.

［301］肖文，林高榜．政府支持、研发管理与技术创新效率——基于中国工业行业的实证分析［J］．管理世界，2014（4）：71-80.

［302］肖兴志，王伊攀．政府补贴与企业社会资本投资决策——来自战略性新兴产业的经验证据［J］．中国工业经济，2014（9）：148-160.

［303］谢获宝，吴壮倩，惠丽丽．税收征管、营改增与企业技术创新投入［J］．财经论丛，2020（7）：33-42.

［304］谢文栋．科技金融政策能否提升科技人才集聚水平——基于多期DID的经验证据［J］．科技进步与对策，2022，39（20）：131-140.

［305］熊家财，桂荷发．风险投资、派驻董事与企业创新：影响与作用机理［J］．当代财经，2018（4）：123-133.

［306］熊礼慧，董希淼．股权质押、融资约束与企业金融化［J］．金融经济学研究，2021，36（1）：136-150.

［307］徐飞．银行信贷与企业创新困境［J］．中国工业经济，2019（1）：119-136.

［308］徐玉莲，王玉冬，林艳．区域科技创新与科技金融耦合协调度评价研究［J］．科学学与科学技术管理，2011，32（12）：116-122.

［309］徐玉莲，王玉冬．区域科技金融资金的配置效率研究［J］．科学管理研究，2015，33（2）：93-96.

［310］许昊，万迪昉，徐晋.VC与PE谁是促进企业创新的有效投资者？［J］.科学学研究，2015，33（7）：1081-1088.

［311］许世琴，尹天宝，阳杨．中国省际科技金融效率测度及其影响因素分析——基于空间面板模型实证研究［J］.技术经济，2020，39（3）：81-86.

［312］薛晴，焦文庆．数字技术、科技金融与企业创新投入——基于"科技与金融结合试点"的准自然实验［J］．西北大学学报（哲学社会科学版），2022，52（6）：137-146.

［313］薛晔，蔺琦珠，高晓艳．中国科技金融发展效率测算及影响因素分析［J］．科技进步与对策，2017，34（7）：109-116.

［314］寻舸．区域金融学视角下我国科技金融发展研究［J］．科技进步与对策，2015，32（17）：31-35.

［315］闫志俊，于津平．政府补贴与企业全要素生产率——基于新兴产业和传统制造业的对比分析［J］．产业经济研究，2017（1）：1-13.

［316］颜晓畅．政府研发补贴对创新绩效的影响：创新能力视角［J］．现代财经（天津财经大学学报），2019，39（1）：59-71.

［317］杨璠．区域科技金融体系建设研究——以杭州市为例［J］．科技管理研究，2020，40（16）：94-102.

［318］杨刚强，王海森，范恒山，等．数字经济的碳减排效应：理论分析与经验证据［J］．中国工业经济，2023（5）：80-98.

［319］杨蕊，侯晓辉．科技金融政策与关系型贷款——基于国有企业的

视角 [J]. 山西财经大学学报, 2023, 45 (7): 54-68.

[320] 杨胜刚, 胡海波. 不对称信息下的中小企业信用担保问题研究 [J]. 金融研究, 2006 (1): 118-126.

[321] 杨胜刚, 张一帆. 风险投资对企业创新的影响——基于中小板和创业板的研究 [J]. 经济经纬, 2017, 34 (2): 147-152.

[322] 杨涛. 我国科技金融的发展方向与创新探索 [J]. 人民论坛, 2023 (22): 12-17.

[323] 杨晓丽, 孙凌杉. 基于金融产业链的科技金融发展研究——苏州模式的借鉴与启示 [J]. 科学管理研究, 2015, 33 (2): 52-55.

[324] 杨洋, 魏江, 罗来军. 谁在利用政府补贴进行创新?——所有制和要素市场扭曲的联合调节效应 [J]. 管理世界, 2015 (1): 75-86+98+188.

[325] 杨竹清. 银行信用贷款现状、问题及经济效应分析 [J]. 福建金融, 2021 (11): 13-19.

[326] 姚雪松, 凌江怀. 金融发展对技术进步的影响——基于中国省际面板数据的实证研究 [J]. 金融理论与实践, 2017 (5): 88-93.

[327] 叶初升, 李竺雯, 孙薇. 政府与市场"双轮"何以驱动中小科技企业创新?——基于微观企业数据的"促进科技和金融结合试点"政策评估 [J]. 经济问题探索, 2022 (5): 32-46.

[328] 叶聪. 自立自强,"奋斗者"号收到! [N]. 人民政协报, 2023-03-06.

[329] 易明, 张莲, 杨丽莎, 等. 中国科技金融效率时空分异特征及区域均衡性 [J]. 科技进步与对策, 2019, 36 (10): 34-40.

[330] 于晓琳, 石军伟, 万凯. 知识的力量: 基础研究与区域技术创新 [J]. 科学学与科学技术管理, 2023, 44 (12): 68-85.

[331] 余峰燕, 朱婧知. 股权质押, 控股股东制衡与银行信贷定价 [J]. 南开学报 (哲学社会科学版), 2020 (5): 159-172.

[332] 余琰, 李怡宗. 高息委托贷款与企业创新 [J]. 金融研究, 2016 (4): 99-114.

[333] 余琰, 罗炜, 李怡宗, 等. 国有风险投资的投资行为和投资成效

[J]. 经济研究, 2014, 49 (2): 32-46.

[334] 袁从帅, 刘晔, 王治华, 等. "营改增"对企业投资、研发及劳动雇佣的影响——基于中国上市公司双重差分模型的分析 [J]. 中国经济问题, 2015 (4): 3-13.

[335] 袁礼, 许涛. 融资模式会影响企业技术创新吗? ——来自世界银行中国企业调查数据的经验证据 [J]. 宏观质量研究, 2019, 7 (3): 111-128.

[336] 袁始烨, 周晓珺. 税制改革、产业集群与企业技术创新——基于"营改增"的政策效应分析 [J]. 现代经济探讨, 2021 (4): 108-118.

[337] 约瑟夫·熊彼特. 经济发展理论 [M]. 上海: 立信会计出版社, 2017, 40-41.

[338] 张驰, 王满仓. 科技金融对城市产业结构升级的影响研究——基于"促进科技和金融结合试点"政策的准自然实验 [J]. 经济问题探索, 2023 (1): 73-86.

[339] 张传财, 陈汉文. 产品市场竞争、产权性质与内部控制质量 [J]. 会计研究, 2017 (5): 75-82, 97.

[340] 张辉, 刘佳颖, 何宗辉. 政府补贴对企业研发投入的影响——基于中国工业企业数据库的门槛分析 [J]. 经济学动态, 2016 (12): 28-38.

[341] 张杰, 陈志远, 杨连星, 等. 中国创新补贴政策的绩效评估: 理论与证据 [J]. 经济研究, 2015, 50 (10): 4-17+33.

[342] 张杰, 居杨雯. 贷款期限结构与中国经济增长 [J]. 世界经济文汇, 2017 (5): 1-22.

[343] 张杰, 芦哲, 郑文平, 等. 融资约束、融资渠道与企业 R&D 投入 [J]. 世界经济, 2012, 35 (10): 66-90.

[344] 张杰, 杨连星, 新夫. 房地产阻碍了中国创新吗? ——基于金融体系贷款期限结构的解释 [J]. 管理世界, 2016 (5): 64-80.

[345] 张陆洋, 汪伟文, 赵毅. 基础研究、创新机制与创新资本协同发展——问题与解决路径 [J]. 金融论坛, 2023, 28 (3): 3-7+59.

[346] 张明喜, 魏世杰, 朱欣乐. 科技金融: 从概念到理论体系构建

[J]. 中国软科学，2018（4）：31-42.

[347] 张晓慧，黄益平，王毅，等.2022·CF40 中国金融改革报告：金融促进高质量发展之路 [M]. 北京：中信出版集团，2022.

[348] 张栩晨，赵民. 城市规划中的"耦合研究"溯源及误区辨析 [J]. 城市规划，2022，46（6）：37-47+102.

[349] 张璇，李子健，李春涛. 银行业竞争、融资约束与企业创新——中国工业企业的经验证据 [J]. 金融研究，2019（10）：98-116.

[350] 张璇，刘贝贝，汪婷，等. 信贷寻租、融资约束与企业创新 [J]. 经济研究，2017，52（5）：161-174.

[351] 张璇，张计宝，闫续文，等."营改增"与企业创新——基于企业税负的视角 [J]. 财政研究，2019（3）：63-78.

[352] 张晏，龚六堂. 分税制改革、财政分权与中国经济增长 [J]. 经济学（季刊），2005（4）：75-108.

[353] 张一林，龚强，荣昭. 技术创新、股权融资与金融结构转型 [J]. 管理世界，2016（11）：65-80.

[354] 张缨. 科技金融：促进政府创新政策"有效供给" [J]. 中国科技论坛，2015（10）：126-129.

[355] 张芷若，谷国锋. 科技金融与科技创新耦合协调度的空间格局分析 [J]. 经济地理，2019，39（4）：50-58.

[356] 张志强. 金融发展、研发创新与区域技术深化 [J]. 经济评论，2012（3）：82-92.

[357] 章元，程郁，佘国满. 政府补贴能否促进高新技术企业的自主创新？——来自中关村的证据 [J]. 金融研究，2018（10）：123-140.

[358] 赵昌文，陈春发，唐英凯. 科技金融 [M]. 北京：科学出版社，2009.

[359] 郑世林，汪勇，陈东敏. 新时代中国跻身创新型国家前列的前景、目标和建议——基于全球创新指数报告的研究 [J]. 科技导报，2021，39（21）：27-38.

[360] 刘耀彬，李仁东，宋学锋. 中国城市化与生态环境耦合度分析

［J］. 自然资源学报，2005（1）：105-112.

［361］中信建投证券. 科创金融与引导基金［R］.2023.

［362］中银国际证券研究所，徐高. 变局者科创板［R］.2019.

［363］周密，王雷，郭佳宏. 新质生产力背景下数实融合的测算与时空比较——基于专利共分类方法的研究［J］. 数量经济技术经济研究，2024，41（7）：5-27.

［364］周叔莲，王伟光. 科技创新与产业结构优化升级［J］. 管理世界，2001（5）：70-78+89-216.

［365］朱平芳，徐伟民. 政府的科技激励政策对大中型工业企业 R&D 投入及其专利产出的影响——上海市的实证研究［J］. 经济研究，2003（6）：45-53.

［366］朱志. 用好政府引导基金推动产业转型升级［J］. 清华金融评论，2022（12）：83-88.

［367］邹克，倪青山. 公共科技金融存在替代效应吗？——来自283个地市的证据［J］. 中国软科学，2019（3）：164-173.

［368］邹克，郑云丹，刘熹微. 试点政策促进了科技和金融结合吗？——基于双重差分倾向得分匹配的实证检验［J］. 中国软科学，2022（7）：172-182.

［369］邹洋，吴楚石，刘浩文，等. 营改增、企业研发投入与企业创新产出——基于科技服务业上市公司的实证研究［J］. 税务研究，2019（7）：83-88.